나는
미국 월배당 ETF로
40대에 은퇴한다

일러두기

- ETF 투자자가 받는 배당은 '분배금'이라고 하고, '월분배 ETF'라는 용어가 정확하나, 이 책에서는 독자의 이해를 쉽게 하고 배당이란 포괄적 개념으로 '배당금', '월배당 ETF'라고 표현하였습니다.

- 이 책에 나오는 달러는 미국 달러($)를 의미하며, 원화(KRW)는 환율 1,300원을 기준으로 환산하였습니다.

- 책 집필 시점 이후, 시간이 지날수록 세부 데이터 등이 현재 데이터와 차이가 발생할 수 있으니, 종목별 세부 데이터는 투자 시점에 재확인하시기 바랍니다. 특히, 배당률(시가배당률, 1년 배당률)은 해당 ETF의 주가, 수익률 변화 등에 따라 수시로 변동될 수 있습니다.

- 이 책은 투자에 참고하기 위한 정보를 제공할 뿐이며, 투자에 대한 견해는 필자 개인의 의견입니다. 실제 투자로 인한 책임은 투자자 본인에게 있음을 유의하시기 바랍니다.

7천만 원으로 월 2백만 원 받는
연 30% 이상 초고배당의 비밀!

나는 미국 월배당 ETF로 40대에 은퇴한다

최영민 지음

지음미디어

◆ 프롤로그 ◆

당신도 이제
꿈꿀 수 있다

이 책은 미국 주식을 잘 모르는 사람들도 '미국 월배당 ETF'에 대해 이해할 수 있도록 가급적 쉽게 기술했다.

나는 주식 전문가가 아니며, 경제에 해박한 지식을 갖고 있는 것도 아니다. 단지 남들보다 조금 먼저 미국 월배당 ETF를 공부하기 시작했고, 투자했다. 운이 좋았다면 미국 샌디에이고와 시카고에서 유학해서 미국 경제와 문화에 대해 조금 더 알고 있다는 것이다.

초보인 내가 왕초보인 독자들에게 쉽게 설명하는 책이라고 생각해 주었으면 좋겠다. 중학교 2학년의 마음은 대학생보다 중학교 3학년이 더 잘 아는 것처럼 말이다.

소위 전문가들이 쓴 주식(ETF) 관련 책들을 보면 어려운 용어와 차트, 그리고 불필요한 내용들이 많다. 이러한 점은 사람들이 투자를 어렵게 생각하고 포기하게 만든다.

여러분이 정말로 궁금해하는 것은 바로 이것일 것이다.

"그래서 어떻게 하면 되는 건데?"

어떻게 투자하면 눈에 보이는 성과가 바로 나올 수 있는지 알기 원한다. 한국인은 성격이 급하다. 그래서 금방 답을 찾을 수 있는 인터넷이 발달했고, 인터넷 속도는 세계 최고라고 할 수 있다.

만약 내가 "앞으로 10년 동안 커피도 마시지 말고 근검절약해서, 주식을 한 주 한 주 모아 가면서 복리 효과를 노려라"는 교과서적인 말을 한다면 당신은 크게 실망할 것이다. 1년도 기다리기 힘든데 10년을 버티며 투자하라니…. 설사 10년을 버틴다고 해도 그 10년 동안 어떠한 변수와 사건이 발생할지 아무도 모른다. 그래서 불필요한 이론, 말들은 다 걷어 버리고 직관적으로 글을 쓰려고 노력했다.

모든 지식을 넣어서 잡화점이 되는 것보다 미국 월배당 ETF를 투자하는 데 이 정도만 알아도 투자할 수 있도록 주요 내용만을 넣었다. 내가 여러분에게 많은 메시지를 전달하면 결국 나중에는 아무것도 기억하지 못하고 남는 것도 없을 것이다.

나는 이 책을 통해 단 하나의 메시지를 전달하려고 한다. 꾸준한 현금흐름이 나오는 월배당 ETF로 제2의 월급을 창출할 수 있다. 그러므로 당신이 원하는 경제적 자유, 조기 은퇴가 가능하니, 당신도 불안해하지 말고 미래를 준비하라는 것이다. 나도 미국 월배당 ETF를 알지 못했다면 퇴사를 생각하지 못했을 것이다. 다행히 50대를 맞이 하기 전에 은퇴할 수 있게 되었다. 회사에 휴가를 내고 틈틈이 이 책을 썼고, 퇴사하기 전에 원고를 끝마칠 수 있었다. 이 책이 출간되어 독자들이 읽을 때는 내가 퇴사를 한두 달 앞둔 시점이 될 것이다.

월배당 ETF란, 주식이나 채권 등에 투자해서 나오는 배당금, 이자 등을 모아 월 단위로 분배하는 ETF로, 미국 나스닥 지수

등 시장 대표 지수에 투자하거나 고배당 기업 투자, 커버드콜 전략 사용, 부동산 투자 등 다양한 형태가 있다.

미국 월배당 ETF 중에는 연 10%의 배당금을 지급하는 ETF가 많이 있으며, 심지어 30% 이상 배당률의 초고배당 상품도 있다. 그러나 여러분에게 꼭 하고 싶은 말은 앞으로도 그 높은 배당률이 지속된다는 보장은 없다는 것이다. 배당금이 삭감될 수 있고, ETF도 주식이나 다름 없기 때문에 주가가 하락하면 원금이 반토막이 될 수도 있다.

리스크가 없는 투자는 없다. 수익이 높을수록 그에 비례하여 리스크는 커지는 게 당연하다. 리스크는 감당하기 싫고, 10% 이상의 수익률을 원하는 것은 도둑놈 심보다. 세상에 그런 투자상품은 없다. 산삼을 캐려면 산 절벽 아래에 매달릴 각오를 해야 한다. 평범한 잔디밭에서는 풀뿌리밖에 얻지 못한다.

나는 리스크가 큰 걸 알면서도 퇴사 후에 당장 월급만큼의 현금흐름이 필요하기 때문에 초고배당 ETF에 투자했다. 하지만 퇴사 후 경제적으로 안정화되면 상대적으로 배당률이 더 낮고 리스크가 작은 ETF들로 포트폴리오를 차차 변경할 예정이다.

최근 '미국 월배당 ETF'가 새로운 투자 트렌드를 주도하고 있음에도 이에 대해 모르는 사람들이 많다. 눈에 보이는 성과가 배당금으로 바로 나타나고, 주가의 등락 폭에 크게 신경쓰지 않아도 되는 월배당 ETF야말로 한국인에게 딱 적합한 상품이라고 생각한다.

이 책을 통해 새로운 흐름에 쉽게 접근하고 동참해 보자. 물론 여기서 말하는 내용이 꼭 정답은 아니다. 현재의 정답이 미래에는 오답이 될 수 있고, 현재의 오답이 미래의 정답이 될 수 있다. 단지, 나의 경험과 생각을 공유하려고 한다.

이러한 나의 경험과 생각이 누군가에게는 어두운 숲에서 등불이 될 수 있을 것이다. 나도 누군가의 책을 읽으며 희망을 찾았고, 길을 찾았다. 희망이란 참으로 좋은 단어이자, 삶을 살아가게 하는 끈이다. 당신도 이 책을 통해 캄캄하고 험한 길에서 희망을 보았으면 좋겠다.

  그래서 남들과 똑같은 매뉴얼 같은 삶을 살지 말고 본인이 원하는 삶을 살기 바란다. 진정으로 원하는 삶이 무엇인지 당신은 알고 있지 않은가? 가슴속 깊은 곳에 감춰 왔던 당신의 욕망과 꿈을 이제는 끄집어 내라!

_최영민

◆ 차례 ◆

프롤로그 당신도 이제 꿈꿀 수 있다　　　　　　　　　　　004

 **내가 '미국 월배당 ETF'를 시작한 이유**

01 나도 파이어족이 되고 싶었다　　　　　　　　　　　**021**
- 이것이 진정 내가 원하던 삶이었나?　　　　　　　021
- 영혼 없이 사는 직장인들　　　　　　　　　　　　023
- 나는 이제 조기 은퇴를 꿈꾼다　　　　　　　　　　024

　은퇴 일기　회사에 올인한 아버지의 초라한 노후　　026

02 무엇으로 월급을 대체할 수 있을까?　　　　　　　**028**
- 은퇴하려면 월급만큼의 현금흐름이 있어야 한다　　028
- 월급을 대체할 수 있는 투자는 무엇이 있을까?　　029
- 사람 스트레스 없는 미국 월배당 ETF　　　　　　032

　투자 일기　상가 공부하다 든 생각, 차라리 마음 편한 배당주 투자가 낫지 않나요?　034

미국 월배당 ETF 집중 탐구

01 ETF란? — 039
- 먼저 ETF가 무엇인지 알아보자 — 039
- 지금은 ETF가 대세 — 040
- ETF가 가진 장점들 — 041

> **투자 상식** ETF도 상장폐지가 될까? — 044
> S&P 500 vs 나스닥(NASDAQ) 100 — 044

02 왜 미국인가? — 046
- 주가 조작이 빈번하고, 배당에 인색한 한국 — 046
- 엄청난 주식시장 규모와 연기금, 은퇴(예정)자들의 막대한 투자 — 048
- 한국에 경제위기가 오면 오히려 기회다 — 051
- 미국 증시는 계속 우상향할 것이다 — 052

> **투자 상식** 미국 ETF 이름 분석 — 056
> 꼭 알아야 할 주식, 배당 관련 용어 — 056
> 시가배당률 vs 1년 배당률(TTM) — 058

03 미국의 대표적인 ETF, SPY와 QQQ — 063
- SPY(SPDR S&P 500 ETF Trust): 시가배당률 1.19% — 063
- QQQ(Invesco QQQ Trust ETF): 시가배당률 0.5% — 067

> **투자 상식** FED, FRB, FOMC, 연방준비은행, 잭슨홀 미팅? — 069

04 그렇다면 월배당 ETF란 무엇인가? — 073
- 배당금 원천: 주식 배당, 옵션 프리미엄, 임대수익, 채권 이자 — 074
- 월배당 ETF가 인기인 이유 — 078

미국 월배당 ETF 종목 분석

01 배당주: 주식 배당 — 085

- SCHD(Schwab U.S. Dividend Equity ETF), 시가배당률 3.13%
  "배당과 성장 두 마리 토끼를 잡는 ETF" — 085

02 커버드콜: 옵션 프리미엄 — 089

- JEPI (JPMorgan Equity Premium Income ETF), 시가배당률 7.64%
  "한국인이 사랑하는 JP모건의 커버드콜 ETF" — 089

- JEPQ(JPMorgan Nasdaq Equity Premium Income ETF), 시가배당률 9.9%
  "JEPI의 동생, S&P 500이 아닌 나스닥 100을 추종" — 092

- QYLD(Global X Nasdaq 100 Covered Call ETF), 시가배당률 11.05%
  "미래에셋의 미국 자회사가 만든 커버드콜 ETF" — 094

- NVDY(YieldMax NVDA Option Income Strategy ETF), 시가배당률 107.61%
  "엔비디아 콜옵션과 풋옵션 거래를 통해 높은 배당금을 지급" — 097

- APLY(YieldMax APPL Option Income Strategy ETF), 시가배당률 27.80%
  "애플 콜옵션과 풋옵션 거래를 통해 높은 배당금을 지급" — 102

  `초고배당의 비밀` 커버드콜(Covered Call)이란? — 105
  `투자 일기` 초고배당의 NVDY, 2년 후 주가가 반토막이 나도 이익이다 — 110

03 리츠: 임대수익 — 113

- O(Realty Income Corporation), 시가배당률 5.91%
  "한국인에게 꾸준히 사랑받아 온 리얼티 인컴" — 114

- VNQ(Vanguard Real Estate Index Fund ETF Shares), 시가배당률 3.50%
  "미국의 대표적인 리츠 ETF" — 116

04 채권: 이자 — 120

- TLT(iShares 20+ Year Treasury Bond ETF), 시가배당률 3.97%
  "가장 대표적인 미국 장기 채권 ETF" — 121

- TLTW(iShares 20+ Year Treasury Bond Buywrite Strategy ETF),
  시가배당률 11.51% "채권에 투자하면서 콜옵션을 매도하는 커버드콜 ETF" — 123

`[미국 배당 ETF 요약(12종목)]` — 126
`투자 일기` TQQQ, SOXL 같은 레버리지 ETF 투자는 신중해야 한다 — 128

4장 나에게 맞는 투자 포트폴리오 만들기

`포트폴리오 만들기에 앞서` 배당률이 커질수록 리스크는 증가한다 — 132

01 거치식 투자 — 135

- 배당수익률 20~30%, 고위험/초고수익
  "현금흐름이 당장 필요한 은퇴자" — 136

- 배당수익률 10~15%, 중위험/고수익
  "파이어족을 꿈꾸는 30~40대 직장인" — 141

- 배당수익률 5~7%, 저위험/중수익
  "배당금을 재투자해 자산을 불리고 싶은 20~30대" — 144

02 적립식 투자 — 148

- 미성년 자녀를 위한 투자 — 148

`투자자의 선택` 투자 금액을 높일 것인가, 배당률을 높일 것인가? — 151
`투자 상식` 배당성장률(Dividend Growth)이란? — 153
`솔직 공개` 나의 월배당 ETF 실제 투자 현황 — 154

03 미국 월배당 ETF 투자 시 유용한 사이트   **159**
- 네이버 증권: ETF 현재가 확인, 종목 정보 등 검색   160
- 시킹알파(Seekingalpha.com): 배당금 내역, 배당률 등 확인   161

5장 성공 투자 전략

01 시작이 곧 성공이다   **169**
- 시작이 반이라고? 아니, 전부다!   169
- 실행해야 한다   170

> **은퇴 일기** 나는 용기 있게 도전하는 퍼스트 펭귄이 되겠다   172

02 결코 흔들리지 마라   **174**
- 100% 확신이 있으면 누가 뭐라 해도 흔들리지 않는다   174
- 조금의 성취감이라도 맛봐야 계속 전진하게 된다   175

03 투자 공부는 어떻게 해야 할까?   **176**
- 아는 만큼 보이고, 들린다   176
- 자신에게 맞는 공부법이면 된다   177
- 거시경제는 알아야 한다   177
- 결국 투자 철학, 시나리오는 자신이 만들어가는 것이다   178

> **투자 일기** 유튜브보다 책과 강의가 도움이 된다   180

04 성공적인 투자법　　　　　　　　　　　　　　182
- 적립식보다는 거치식　　　　　　　　　　　　182
- 성격 급한 한국인에게 적립식 투자는 무용지물　　183
- 시세차익보다는 꾸준한 현금흐름을 목표로!　　184
- 대출받아 투자하지 마라　　　　　　　　　　186

05 포트폴리오 관리　　　　　　　　　　　　　188
- ETF 매수 후 그냥 보유만 하고 있으면 되는 건가?　　188
- 포트폴리오 리밸런싱이란?　　　　　　　　　189

06 세금/절세　　　　　　　　　　　　　　　　192
- 미리 세금부터 걱정하지 말자　　　　　　　　192
- 배당소득세 15% 부과　　　　　　　　　　　194
- 양도소득세 22% 부과(250만 원까지 면제)　　　195
- 팔지 않고 장기 보유하면 양도소득세 낼 일도 없다　196

실전 투자 그대로 따라 하기

01 주식계좌 개설하기　　　　　　　　　　　　201
- MTS(증권거래 프로그램) 설치　　　　　　　203
- 비대면 계좌 개설　　　　　　　　　　　　　204

02 환전하기　　　　　　　　　　　　　　　　205
- '원화 주문 서비스' 신청　　　　　　　　　　206

> 투자 일기　환율 변동에 너무 신경쓰지 마라　　209

03 매수 주문 　　　　　　　　　　　　　　　　　　　　　211
- 매수 방법 　　　　　　　　　　　　　　　　　　　　　　211
- 내 주식 잔고 확인하기 　　　　　　　　　　　　　　　　213

> 투자 일기　미국 주식 거래할 때 밤 새우지 말고 'LOC' 매수 기능을 이용하자　215

04 배당금 확인 　　　　　　　　　　　　　　　　　　　　　219
- 배당금 자동출금 기능 　　　　　　　　　　　　　　　　　222

05 미국 주식 거래시간 　　　　　　　　　　　　　　　　　　225
- 프리마켓(Pre-Market)과 애프터마켓(After-Market) 　　　225
- 서머타임(Summer Time) 　　　　　　　　　　　　　　　227
- 한국 증권사들의 주간 거래 서비스 　　　　　　　　　　　228

7장 나만의 투자 필살기

01 생각할 시간을 가져야 부자가 된다 　　　　　　　　　　　233
- 인사이트란 무엇일까? 　　　　　　　　　　　　　　　　233
- 하루 종일 누워서 생각하니 인사이트가 생기더라 　　　　234
- 일요일은 생각만 하는 날이다 　　　　　　　　　　　　　235
- 생각할 시간이 있어야 재테크도 한다 　　　　　　　　　　236

02 돈으로 해결할 수 있는 게 제일 쉽다 　　　　　　　　　　237
- 돈이 많으면 모든 것이 편한 세상 　　　　　　　　　　　238
- 내가 부자가 되고 싶은 이유 　　　　　　　　　　　　　　239

| 03 | 모든 투자의 결과는 다 내 탓이다 | 241 |

| 04 | 성공을 위해 손에서 책을 놓지 마라 | 244 |

| 05 | 투자에서는 멘탈이 전부다 | 247 |
- 전문가나 뉴스기사에 흔들리지 마라 　247
- 주식 폭락은 저가 매수의 기회다 　248
- 시장에서 한 걸음 떨어져 있어라 　249
- 큰 믿음 하나만 있으면 된다 　250

`조기 은퇴 마지막 관문` 아내의 퇴사 허락, 허락보다 용서를 구하라! 　252

에필로그 집필을 마무리하며 　254
- 나는 오늘도 그날을 꿈꾼다 　257

`부록 1` 미국 월배당 ETF 시가총액 TOP 50(기준일: 2024년 8월 21일) 　261
`부록 2` 미국 월배당 ETF 시가배당률 TOP 100(기준일: 2024년 8월 21일) 　264
`부록 3` 초고배당(월배당) ETF 찾는 방법 　269

1장

내가 '미국 월배당 ETF'를 시작한 이유

01

나도 파이어족이 되고 싶었다

이것이 진정 내가 원하던 삶이었나?

학창 시절에는 대학이 인생의 전부인 줄 알았고, 직장인이 되어서는 회사와 승진이 전부인 줄 알고 살았다. 그렇게 앞만 보고 달려만 왔는데, 이제 정신을 차려 보니 50을 바라보고 있다. 옛날에는 50이라고 하면 중장년을 넘어 노년층으로 가는 나이였지만, 지금은 평균수명이 늘고 젊게 살면서 경제활동을 활발히 할 수 있는 나이다.

대학입시, 취업, 결혼, 육아, 승진… 바쁘게 달려온 삶이었다. 말 그대로 여우 같은 아내, 토끼 같은 딸, 대기업에 다니는 나는 남들이 보기에는 남부러울 것 없어 보인다.

그러나 누군가 나에게 와서 "너 지금 행복하니?"라고 묻는다면 "그렇다"라고 자신 있게 말할 수 없을 것 같다. "그럼, 앞으로는 행복해질 것 같니?"라고 또 묻는다면 자신 있게 "네"라고 말할 수 없다.

왜일까? '당장 내일 아침에 내가 죽는다면 나는 미련 없이, 후회 없이 마음 편하게 죽음을 맞이할 수 있을까?' 계속 이러한 의문이 든다….

'한국에서 태어나 학교에서 열심히 공부해서 좋은 대학에 가고, 대기업에 취직한다. 본인 스펙에 어울리는 배우자와 결혼하고, 자녀를 낳고, 아이를 영어 유치원에 보내고, 명문대에 진학시키기 위해 학군 좋은 지역으로 이사하고, 자녀를 출가시킨다. 그리고 회사에 시간과 열정을 바치고 정년 때까지 다니다가 병에 걸려 요양원에서 죽음을 맞이한다.'

이것이 전형적인 한국인의 삶이다. 이것도 모든 것이 문제없이 잘 풀릴 경우이다. 중간에 삐끗하면 빈곤층으로 추락할 수 있다. 이 평범한 삶을 살기 위해 우리는 지금도 앞만 보고 바쁘게 살고 있다.

'이러한 매뉴얼 같은 삶은 대체 누가 만들었을까? 언제부터 시작되었을까?' 과거 누군가가 처음에 이러한 삶을 살았기 때문에, 사람들도 그대로 답습해 오지 않았을까? 다른 나라 사람이 한국에 이주해서 살 경우에도 이러한 전형적인 삶을 똑같이 살까? 과거부터 사회가 만든 각본대로 끌려다니기만 한 삶, 이제는 그만 하고 싶다.

영혼 없이 사는 직장인들

나도 남들처럼 입시지옥에 시달린 끝에 명문대는 아니지만 대학에 입학했고, 운 좋게 대기업에 취업했다. 그러나 직장에서의 생활은 공장의 컨베이어 벨트 같은 모습이었다. 중·고등학교 시절, 기계적으로 공부만 했던 쳇바퀴 시절로 다시 돌아온 것이다.

신입사원으로 입사 후, 아침 해가 뜨기 전에 새벽같이 일어나서 지하철을 타고 회사로 향했다. 저녁에는 회사 근처 식당에서 저녁 식사를 하고 다시 사무실로 들어가 밤 10시까지 근무하는 경우가 많았다(지금은 많은 대기업이 오후 6시가 되면 PC가 자동으로 Off 되도록 시스템을 만들어 일찍 퇴근할 수 있게 하는 등 근무환경이 많이 좋아졌다).

주말에도 사무실에 나와 업무를 해야 하는 경우가 많았고, 일요일 저녁에는 다음 날 출근해야 한다는 압박감에 방구석에서 몸서리를 치곤 했다. 사람들은 이를 월요병이라고 말한다. 중·고등학생 때도 월요병이 심했는데, 어른이 되어서도 월요병을 겪어야 하다니, 평생의 굴레인가?

  학창 시절에는 쉴 수 있는 방학이라도 있었지만 회사는 방학 없이 주말을 빼고는 계속 출근해야 했다. 단지 며칠의 휴가가 있을 뿐이다. 학생 때처럼 별생각 없이 등교, 하교, 학원에 가는 영혼 없는 좀비 같은 생활을 다시 반복하게 되었다. 그 장소가 학교에서 회사로 바뀌었을 뿐이다.

  '이런 삶을 언제까지 살아야 할까?'라고 생각하며 직장생활을 버텨 왔지만, 마땅한 대안이 없으니 계속 세월이 흘러 어느새 직장생활을 한 지 20년이 되었다.

나는 이제 조기 은퇴를 꿈꾼다

  나의 어릴 적 꿈은 부자가 되는 것이었다. 그러나 현재의 내 모습은 회사에서 영혼 없이 좀비처럼 일하고, 일요일 밤에는 월요일이 오는 것을 두려워하는 직장인 중 한 명이다. 더 나이가 들어 회사에서 밀려나올 미래의 내 모습을 상상하니, 정말로 끔찍했다. 모은 돈은 많지 않고, 하루 세 끼 집에서 밥 먹는 '삼식이'로 불리며, 아내와 딸에게 구박과 눈치를 받는 능력 없는 아빠로 말이다.

월급쟁이로는 도저히 부자는 못 되고, 현재의 삶을 겨우 유지하는 수준에 머물 것이 자명해 보였다. 그렇다면 어떻게 해야 월급쟁이에서 벗어나 부자를 꿈꿔볼 수 있을까?

아무리 생각해 봐도 대안이 없었다. 퇴사한 후 월급을 대체할 수 있는 대안이…. 회사 밖은 보이지 않는 위험들만 도사리고 있는 것 같았다. 안정적으로 받아왔던 월급을 무엇으로 대신할 수 있을까? 대안 없이 체념만 하며 '이렇게 계속 살 수는 없다'라는 생각이 반복되기만 했다.

도저히 이렇게 살다가 죽을 수는 없다는 생각에 4년 전부터 나만의 은퇴 시나리오를 만들기 시작했다. 성공한 사람들의 유튜브를 보기 시작했고, 나의 블로그를 만들어 글을 올렸다. 그러자 희미하던 미래가 조금씩 보였고, 성과도 나타나기 시작했다.

◆ 은퇴 일기 ◆

회사에 올인한 아버지의 초라한 노후

　나의 부모님도 다른 부모들처럼 궁상맞을 정도로 근검절약하며 자식들을 공부시키고 키우셨다. 비싼 옷은 못 사 입으셨고, 항상 싼 물건만 구입하며 아끼고 또 아끼셨다. 언젠가 올 풍요로운 미래를 위해 현재를 희생하신 것이다. 그런데 기다렸던 그 미래가 왔지만 달라진 것은 없었다.

　이제 70대 중반을 넘으셨는데, 언제까지 아끼며 사셔야 할까? 끝이 없는 건가? 아버지는 은행 지점장도 오래 하시고, 짧은 기간이었지만 임원도 하셨다. 그런데도 노후가 불안하다(재테크를 잘 못 하셨다). 변변한 보험도 없어서, 최근에 부모님을 위해 종합보험을 가입해 드렸다.

　내가 어린 시절, 아버지는 소원이었던 임원이 되기 위해 매일같이 야근하고 회식하느라 늦게 들어오셨고, 주말에는 피곤해서

늘 소파나 침대에서 주무셨다.

그렇게 회사를 위해 희생한 결과가 겨우 이것인가?

여전히 먹고 싶은 거 못 드시고, 사고 싶은 거 못 사신다.

회사에 충성하고 올인한 은행 임원 출신인 아버지의 노후를 옆에서 지켜보면서 나는 결심했다. 직장에 올인하지 않고, 재테크를 통해 부자가 될 거라고….

02

무엇으로 월급을 대체할 수 있을까?

은퇴하려면 월급만큼의 현금흐름이 있어야 한다

다행히 나는 맞벌이여서 내가 당장 회사를 그만두더라도 아내가 돈을 벌기 때문에 가족이 굶어 죽지는 않을 것이다. 그러나 밥만 먹고 살 수는 없지 않은가?

초등학생 딸이 중·고등학교, 대학에 입학하기까지 학원비, 대학 등록금이 필요할 것이다. 때로는 지루한 삶을 리프레시하기 위해 국내, 해외여행도 가야 한다.

내가 퇴사하더라도 지금 월급의 70~80% 정도를 커버할 수 있는 돈이 필요하다. 매월 꼬박꼬박 통장에 입금되던 급여를 어느 정도 커버할 수 있는 현금흐름 말이다.

부족한 20~30%의 금액은 매일 두 잔씩 마시던 커피는 한 잔으로 줄이고, 비싼 커피 대신 저렴한 커피를 마시면 된다. 여행을 1년에 두 번 갔다면 한 번만 가고, 가끔 택시를 타고 이동하던 습관을 지하철 타는 것으로 바꾸면 된다.

이전과 비교해서 불편할 수 있겠지만, 어떤가! 하루 8시간, 아니 출퇴근 시간을 포함하여 10시간을 회사가 아닌 나를 위해 온전히 사용할 수 있다.

월급을 대체할 수 있는 투자는 무엇이 있을까?

매월 정기적으로 월급처럼 받을 수 있는 투자가 어떤 게 있을지 고민해 보았다.

- **첫째, 오피스텔이 있다**

소형 아파트 월세에 비해 월 임대료가 높으며, 아파트에 비해 가격도 상대적으로 낮다. 그러나 건물이 노후화되면 인근 새 오피스텔로 수요가 이동하여 공실이 발생하거나, 월 임대료를 현저히 낮출 수밖에 없다. 시세차익을 기대하기 힘들 뿐만 아니라,

향후 매도하려고 해도 팔리지 않아 헐값에 매각해야 하거나 공실로 방치될 수 있다.

또한 업무용 오피스텔로 사용되지 않는 이상, 주택 수에 포함되어 양도세, 종부세 등 세금에 영향을 미칠 수 있고, 취득세도 높다. 일반주택의 취득세율은 1~3%인 것에 비해 오피스텔의 경우 4.6%로 높기 때문에 초기 비용이 많이 든다.

● **둘째, 다가구주택은 어떨까?**

투자 비용 대비 임대수익이 높은 것으로 다가구주택만 한 것이 없다. 오피스텔의 임대수익률이 연 4~5%라면 다가구주택은 7~10%이다. 하지만 말 그대로 '다가구', 많은 임차인이 거주한다. 보통 12~20가구가 거주하는데, 임차인들의 각종 불편이나 요구사항에 신속히 대응해야 한다.

지인이 서울에 다가구주택을 보유하고 있는데, 새벽에도 임차인들에게 전화나 문자메시지가 온다고 한다. 비가 오는 날이면 건물에 누수가 생길까 봐 항상 걱정하고 있다. 그나마 다행인 것은 임차인들이 인근 대학교 학생들이라 월세가 밀리거나 진상 임차인이 없다는 것이다.

나는 거주하는 아파트 외에 임대를 주고 있는 아파트 1채를 보유 중인데, 2년 전세 계약 연장 시에 신경이 쓰인다. 특히, 성격이 까다로운 임차인을 만나면 골치가 아프다. 1명의 임차인 관리도 이렇게 신경이 쓰이는데, 수십 명의 임차인을 관리하면 얼마나 스트레스를 받을까?

● **셋째, 아파트 상가는 어떨까?**

　아파트 상가는 아파트단지 입주민들이 기본 수요층으로 공실 위험이 적고, 임대료 수입이 안정적이다. 코로나19 시국에도 아파트 상가 점포들은 타격을 거의 받지 않았다고 한다. 또한, 청소나 건물 관리, 임차인의 불편 사항도 관리사무소에서 거의 처리해 준다. 단점은 꼬마빌딩에 비해 시세차익이 작으며, 지역마다 편차가 있겠지만 임대수익률도 연 3~5%로 낮은 편이다. 월세를 높게 올리는 데도 한계가 있다.

　최근 쿠팡, 마켓컬리 등 온라인 이커머스의 성장으로 많은 소비자가 온라인을 통해 물품을 주문하고 있다. 이마트 같은 대형마트도 예전에 비해 판매가 부진하다고 한다. 설상가상으로 최근 알리익스프레스, 테무 등 중국 온라인 이커머스 업체가 한국 물류센터에 대규모로 투자하여 저가 공세를 통해 진출하고 있다.
　향후에는 병원, 미용실, 커피점 등 오프라인에서만 이용 가능한 서비스를 제외하고 다른 업종들은 온라인 이커머스 업체들에 밀려 사라질 것으로 보인다. 최근 유동인구가 많은 핫플레이스에도 '임대'라고 써 붙인 공실 상가가 눈에 많이 띈다.

언젠가 상가 임대인들을 위한 네이버 카페에서 게시글을 본 적이 있다. 게시글에는 임차인이 월세도 밀리고 속을 썩여서 소송까지 진행되는 경우가 비일비재했다. 임대인들의 비명 소리가 여기까지 들리는 듯하다.

사람 스트레스 없는 미국 월배당 ETF

월 현금흐름 창출 수단으로 무엇이 좋을까? 여러 가지를 생각해 보았다. 오피스텔, 다가구주택, 아파트 상가…. 그러나 이러한 자산의 공통점은 사람으로 인한 스트레스가 많다는 것이다. 나는 직장에서 사람 스트레스(직장 상사, 고객 민원 등)로 퇴사를 결심했는데, 퇴사 이후에도 사람으로 인한 스트레스를 받기 싫었다.

아파트 상가는 투자금에 비해 임대수익률이 낮았고, 오피스텔도 마찬가지였다. 다가구주택은 상대적으로 수익률은 높으나, 12~20세대를 관리해야 하는 만큼 임차인 관리가 큰 스트레스다.

그러던 중 '미국 월배당 ETF'에 대해 알게 되었고, 배당금을 연 10% 이상 지급하는 ETF도 존재한다는 것을 알게 되었다. 연 배당률이 10% 이상이라고 하면 지인들은 이렇게 의심부터 한다.

"리스크가 매우 큰 것 아니냐? 배당률이 그렇게 높은데, 다른 사람들은 왜 투자를 안 하냐?"

　나도 반신반의했던 게 사실이다.

　그러나 JEPI, QYLD 같은 미국 배당 ETF는 최근에 서학개미들이 많이 매수하고 있는 종목이다. 국내 자산운용사들도 앞다투어 이러한 ETF를 만들어 국내 증시에 상장하고 있다.

◆ 투자 일기 ◆

상가 공부하다 든 생각, 차라리 마음 편한 배당주 투자가 낫지 않나요?

"안녕하세요. 여기 카페에서 상가 정보를 잘 얻고 있습니다. 감사합니다. 저는 아파트 상가에 관심을 가지고 공부 중입니다. 그런데 서울의 아파트 상가 수익률이 약 3% 정도네요. 게다가 임차인 잘못 만나면 마음고생에, 심하면 소송까지. 세금도 많이 나오고. 그러다 문득 생각한 것이 그러면 차라리 마음 편하게 배당주를 매수해서 배당금 받는 게 낫지 않나요? 국내는 배당률이 연 5~6%, 미국 ETF는 10% 이상인 종목도 있던데요. 아파트 상가는 어차피 시세차익도 낮은데, 월 현금흐름이 목표라면 마음 편한 배당주 투자가 낫지 않나요? (마음 편한 것은 돈 주고도 사기 힘듦) 그런데 아파트 상가에 많이 투자하고 계셔서 제가 생각하지 못하고 있는 부분이 있나 해서요. 여러분의 의견을 기다립니다."

이 글은 내가 네이버 카페 '살모사의 커피하우스' Q&A방에

문의한 내용이다. 금리가 계속 오르는 상황에서 아파트 상가 수익률은 별 메리트를 못 느껴서 답답한 마음에 글을 올렸다.

상가 (예비) 임대인들이 많은 카페인데, 게시글을 읽다 보면 임차인이 월세도 밀리고 속을 썩여 소송까지 진행되는 경우도 비일비재했다. 다들 나와 비슷한 생각을 해왔는지 답글이 많았다.

많은 분이 상가는 수익률이 낮아서 메리트가 없어 배당주 투자가 낫다는 의견이었고, 어떤 분들은 그래도 상가가 배당주 투자보다 시세차익이 더 크다고 했다.

'무엇이 더 좋다고 단정 짓기는 어려우며, 본인의 성향, 나이, 자산 규모 등에 따라 선택하는 것이 좋다', '상가, 배당주 투자 둘 다 하는 등 포트폴리오를 다양하게 한다'라는 좋은 의견이 나왔는데, 이것이 정답인 것 같다. 고민 끝에 상가 공부는 잠시 보류하고, 배당금을 많이 주는 미국 ETF에 대해 공부하기 시작했다.

2장

미국 월배당 ETF 집중 탐구

01

ETF란?

먼저 ETF가 무엇인지 알아보자

ETF란, 'Exchange Traded Fund'의 약자로, 우리말로 하면 '상장지수펀드'다. 과거 미래에셋자산운용에서 출시한 '인디펜던스펀드', '디스커버리펀드' 등과 같은 뮤츄얼펀드가 유행한 적이 있다. 보통 펀드에 가입하려면 은행을 방문하여 여러 절차를 거쳐야 했고, 펀드매니저가 운용하기 때문에 개인 투자자가 자신이 원할 때 직접 매매할 수 없었다. 그리고 해당 펀드 상품의 투자처와 수익률에 대해 자세히 알아보려면 자산운용사에서 이메일로 보내주는 보고서를 통해서 알 수 있었다.

ETF는 이러한 번거로운 절차를 생략하고 주식처럼 언제든지 필요할 때 매매할 수 있도록 만든 상품으로, 주식거래소에 상장되어 일반 주식과 똑같이 거래되는 펀드를 말한다. 한국의 시가총액 1위 ETF(2024년 9월 1일 기준)는 KODEX CD 금리액티브(합성)로 9조 3,427억 원이다. 2위는 KODEX 200(6조 1,238억 원)으로 삼성자산운용이 2002년 10월 14일에 상장하였으며, 코스피 200 지수를 추종한다.

지금은 ETF가 대세

서브프라임 모기지 사태로 촉발된 2008년 미국발 금융위기, 2019년 코로나19 팬데믹으로 증권시장의 변동성이 커지면서 전 세계적으로 ETF에 대한 투자자들의 관심이 급증하고 있다.

싱가포르 투자청, 사우디 국부펀드, 미국 연기금, 헤지펀드 등 해외 유명 기관 투자자들도 ETF 투자를 늘리고 있다. 글로벌 ETF 리서치 회사인 'ETFGI'의 자료에 따르면, 2023년 말 기준 글로벌 ETF 시장 규모는 11조 3,900억 달러(약 1경 4,800조 원)에 이른다. 그중 7조 9,810억 달러(약 1경 380조 원)가 미국 ETF로, 미국이 70%의 압도적인 점유율을 자랑한다.

한국 ETF 시장은 글로벌 시장의 1% 정도(2023년 122조 원)에 불과하지만, 최근 국내 ETF 시장이 급격하게 성장하고 있다. 코스콤 ETF CHECK에 따르면, 2024년 6월 19일 기준 국내 ETF 순자산 총액은 151조 9,838억 원으로 2023년 말 121조 657억 원 대비 약 30조 원 증가했다. 2018년 41조 원이었던 것에 비해 약 5년간 3배 이상으로 규모가 커진 것이다.

개인 투자자들의 ETF 매수가 증가하자, 국내 자산운용사들도 앞다퉈 다양한 ETF 상품들을 출시하고 있다. 2024년 9월 현재 한국에는 900여 개의 ETF가 상장되어 있고, 미국에는 3,000개가 넘는 다양한 종류의 ETF가 거래되고 있다.

시장은 거짓말을 하지 않는다. ETF의 급성장은 그만큼 ETF 상품이 매력적이라는 증거다. ETF는 단지 일시적인 유행이 아니며, 글로벌 금융시장 전반에 걸쳐 대세로 떠오르고 있는 새로운 트렌드라고 할 수 있다.

ETF가 가진 장점들

● **분산투자와 낮은 변동성으로 초보 투자자에게 최적**

보통 ETF는 적게는 20~30개, 많게는 500개가 넘는 종목으로 구성되어 있다. 예를 들어, 미국 SPY(SPDR S&P 500 ETF Trust)는 S&P 500 지수에 투자하기 때문에 SPY를 매수하면 미국 500

개 기업에 투자하는 것과 같다. 종목을 사는 것이 아니라 시장을 사는 것으로 500개 기업 중에는 엔비디아, 애플, 테슬라 등이 있다. 주식가격이 비싼 기업들을 소액으로 투자할 수 있는 장점이 있다. ETF에 포함된 기업들이 많기 때문에 보유 종목 중 일부 기업의 주가가 폭락하더라도 ETF의 주가에는 영향이 적으므로 리스크가 작아지는 것이다. 주가 하락을 제일 걱정하는 초보 투자자에게 매우 적합한 상품이다.

- **펀드보다 비용이 저렴하고, 실시간으로 매매가 가능하다**

ETF는 일반 펀드와 달리 판매 수수료가 없으며, 운용보수도 저렴하다(일반 펀드가 연 1.5~3.0%인 반면, ETF는 연 0.1~0.5%). 단기 투자의 경우에는 수수료 차이가 미미할 수도 있겠지만, 장기 투자를 하게 되면 수익률에 영향을 미칠 정도로 큰 차이가 있다.

또 개별 주식처럼 스마트폰으로 쉽고 빠르게 거래할 수 있어 환금성이 뛰어나다. 반면에 펀드는 환매일자가 길게는 10일이 넘는 경우도 있다.

- **기업분석 하는 데 시간 낭비할 필요가 없다**

개별 주식을 매수하려면, 그 기업에 대한 공부를 많이 해야 한다. 복잡한 재무상태표, 손익계산서 같은 재무제표를 분석해야 하고, PER, PBR, ROE도 알아야 한다. 더 나아가 봉 차트, 이동평균선 등 기술적 분석도 공부해야 한다. 하지만 투자자들에게는 이런 시간을 투자할 여유가 없다. 설사 공부를 한다고 해도 전문가들처럼 심도 있는 분석 능력을 키우기도 어렵다.

하지만 ETF는 이러한 수고를 할 필요가 전혀 없다.

예를 들어, 나스닥 100 지수 ETF를 매수하면 자산운용사에서 알아서 100개 기업에 분산투자를 한다. 그 100개 기업 중에서 실적이 나빠진 기업은 알아서 ETF 편입 종목에서 제외한다. 운용사에서 3개월마다 100개 기업의 실적을 점검하여 편입, 퇴출, 리밸런싱을 하기 때문이다. 다만, ETF에 투자하더라도 글로벌 금리 변화, 환율 등 전반적인 경제 동향에 관심을 가지면 투자 내공을 쌓는 데 도움이 될 것이다.

● **배당수익도 얻을 수 있다**

주식처럼 ETF를 통해서 배당을 받을 수 있는 것도 큰 장점이다. 특히, 미국 주식은 배당주 투자가 가장 큰 매력인데, 그런 배당주를 모아놓은 ETF에 투자하면 각 기업들이 지급하는 배당금을 받을 수 있다. 배당주기도 년, 분기, 월로 다양하다.

미국 ETF를 통해 매월 월세 받는 건물주가 되어 보자!

투자 상식

ETF도 상장폐지가 될까?

간혹 기업의 재무 불량 등으로 주식이 상장폐지 되는 경우가 있다. 상장폐지 되면 그 주식은 휴지 조각이 된다. 자주 일어나는 일은 아니지만, 주식투자에 있어서 가장 큰 리스크 요인이다.

그러면 ETF도 상장폐지 될 수 있을까? 결론은 상장폐지 될 수 있다. 하지만 이럴 경우 자산운용사는 상장폐지 당시의 주가를 기준으로 현금으로 환불해 준다. ETF의 상장폐지는 기업 주가와 무관하기 때문이다. 설사 자산운용사가 파산하더라도 수탁은행이 신탁자산을 증권계좌로 되돌려준다. 그러니 안심하고 ETF에 투자하자.

S&P 500 vs 나스닥(NASDAQ) 100

- **S&P 500(미국을 대표하는 주가지수)**: 국제 신용평가기관인 스탠더드앤드푸어스(Standard and Poors, S&P)가 개발한 주가지수로, 1957년 3월에 100포인트로 시작했다. 미국 내 증권거래소 상장기업 시가총액의 80% 이상을 차지하는 500개의 우량기업이 포함되어 대표적인 미국 주가지수로 불린다. 한국의 KOSPI처럼 시가총액 방식으로 선정한 지수이며, 다우존스 지수(30개 기업)보다 훨씬 더 많은 기업(500개)을 대상으로 하기 때문에 미국 경제의 전반적인 상황을 파악할 수 있다.

- **나스닥 100(IT 기술주의 집합체):** 미국 나스닥 시장 상장 종목 중 시가총액이 크고 거래량이 많은 100개 비금융 업종 대표 기업으로 이루어진 지수이다. 1985년 1월부터 선정되어 발표되고 있으며, 주요 기업으로는 우리에게 익숙한 마이크로소프트, 엔비디아, 아마존, 메타 등이 있다.

02

왜 미국인가?

주식(ETF)은 한국 주식거래소에서도 매매가 가능하다. 그런데 왜 미국 주식(ETF)에 투자해야 할까? 미국이라는 나라와 미국 주식시장을 내가 살고 있는 한국보다 더 믿어도 되는 걸까?

주가 조작이 빈번하고, 배당에 인색한 한국

2023년에 주가 조작 사건으로 인해 사회가 떠들썩했다. 일부 주식 커뮤니티에서 특정 주식에 대해 매도를 조장했고, 개미 투자자들이 그 주식을 매도하면서 주가가 폭락했다.

한국은 일부 작전세력에 의해 주가가 출렁거린다. 심지어 대기업 주식도 이런 경우가 종종 있는데, 내가 아무리 주식 공부를 열심히 해도 이런 작전세력에 의해 큰 손실을 볼 수 있다. 그래서 나는 국내 주식에는 투자하지 않는다.

또한, 국내 주식시장은 외부 요인에 영향을 많이 받는다. 미국과 중국 경기가 악화되면 한국 기업의 수출 부진으로 증시가 하락한다. 반면에 미국 주식시장은 외부 요인에 제한적이며, 투명성이 높아 한국처럼 작전세력에 의한 시장 혼탁함이 덜하다.

국내 기업은 배당에도 매우 인색하다. 회사에 이익이 나면 주주에게 배당을 하는 대신 현금으로 쌓아두는 경우가 많다. 그렇다고 상품 개발이나 연구에 자금을 적극적으로 투자하는 것도 아니다. 기업가치 제고보다는 부동산 투자에 혈안이 된 기업들도 많은데, 이는 주주가치를 고려한 행위가 아니라고 생각한다.

반면에 미국 기업은 적극적으로 배당금을 주주들에게 지급한다. 기업의 주인은 소수의 경영진이 아니라 다수의 주주이며, 기업 실적을 거짓 없이 주주들에게 보고하는 것을 당연하게 여긴다. 지급하는 배당금도 매년 증액하는데, 미국에는 코카콜라나 P&G같이 50년 이상 배당금을 계속해서 늘려온 기업들이 많다.

최근 한국 기업들의 인식이 많이 변했다고 하지만, 여전히 한국 기업들은 배당에 대한 인식이 낮은 편이다. 우리나라도 저성장, 고령화 국면에 접어든 만큼 앞으로 배당 문화도 바뀔 필요가 있다.

엄청난 주식시장 규모와 연기금, 은퇴(예정)자들의 막대한 투자

전 세계 주식시장에서 미국이 차지하는 비중은 절대적이다. 전 세계 주식시장 시가총액의 절반을 미국이 차지하고 있다. 반면에 우리나라는 1.5% 정도에 불과하다.

다음 [그림 1]은 시가총액 1조(Trillion) 달러(약 1,300조 원) 이상의 주식시장을 보유한 국가를 나타내고 있는데, 미국이 52조 6,000억 달러(약 6경 8,380조 원)로 나머지 국가들의 시가총액을 합한 것보다 많다. 중국은 11조 5,000억 달러로 미국에 한참 못 미치며 최근 부상 중인 미국 빅테크 기업인 매그니피센트 7(엔비디아, 마이크로소프트, 애플, 구글, 메타, 아마존, 테슬라)의 시가총액(13조 1,000억 달러)보다도 작다.

글로벌 ETF 시장도 미국이 선도하고 있다. 글로벌 ETF 시장에서 미국의 3대 자산운용사인 블랙록, 뱅가드, 스테이트 스트리

그림 1. 세계 주식시장 국가별 시가총액(기준일: 2024년 2월 29일)

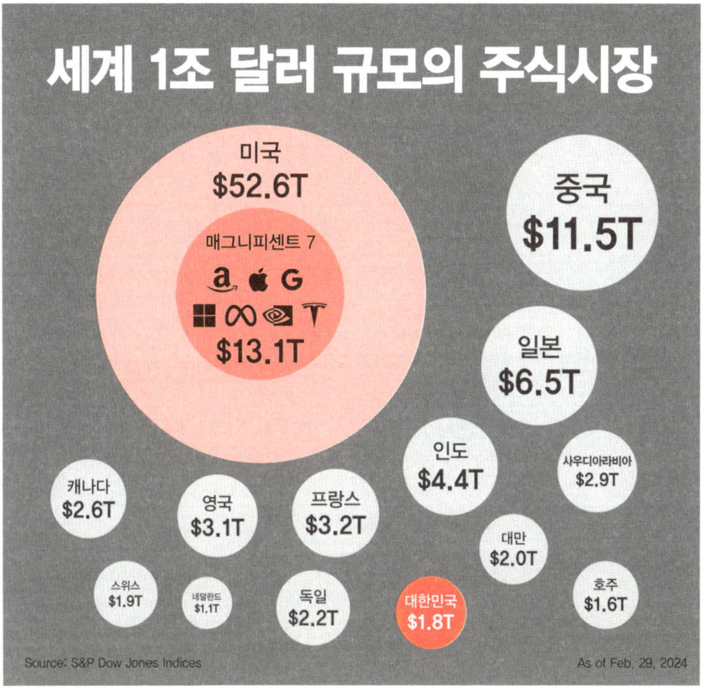

세계 1조 달러 규모의 주식시장

- 미국 $52.6T (매그니피센트 7: $13.1T)
- 중국 $11.5T
- 일본 $6.5T
- 인도 $4.4T
- 사우디아라비아 $2.9T
- 캐나다 $2.6T
- 영국 $3.1T
- 프랑스 $3.2T
- 대만 $2.0T
- 스위스 $1.9T
- 네덜란드 $1.3T
- 독일 $2.2T
- 대한민국 $1.8T
- 호주 $1.6T

Source: S&P Dow Jones Indices, As of Feb, 29, 2024

출처: visualcapitalist.com

트가 세계 운용자산의 약 70%를 차지하고 있으며, 미국 ETF 시장의 약 85%를 점유하고 있다.

다음 [표 1] 글로벌 ETF 운용사 자산 규모(Top 15)를 보면, 블랙록이 자산 규모 2조 8,440억 달러(약 3,697조 원)로 1위이며, 뱅가드와 스테이트 스트리트가 2, 3위를 유지하고 있다.

표 1. 글로벌 ETF 운용사 자산 규모 순위(기준일 : 2024년 6월 22일)

순위	운용사	자산 규모(달러)	운용 ETF 수
1	블랙록	2조 8,440억	434
2	뱅가드	2조 6,382억	86
3	스테이트 스트리트	1조 2,472억	136
4	인베스코	5,382억	221
5	찰스 슈왑	3,474억	30
6	퍼스트 트러스트	1,676억	245
7	JP 모건	1,549억	61
8	디멘셔널	1,414억	38
9	반에크	814억	68
10	위즈덤트리	792억	79
11	피델리티	765억	70
12	프로셰어 어드바이저 LLC	710억	144
13	세계금협회	704억	2
14	미래에셋 글로벌 인베스트먼트	486억	93
15	아메리칸 센추리 인베스트먼트	460억	46

출처: etfdb.com

　국내 운용사로는 유일하게 미래에셋 글로벌 인베스트먼트가 시가총액 486억 달러(약 63조 원)로 14위를 차지하고 있다.

　또 하나, 미국 401K 연금제도가 미국 주식시장을 안정적으로 성장시키고 있다. 401K는 미국의 근로자라면 의무적으로 가입해야 하는 퇴직연금제도이다.

2020년 기준으로 미국 401K 제도의 가입자 수는 6,900만 명이며, 운용자산은 2021년 2분기 기준으로 7조 2,000억 달러(약 9,360조 원)가 넘는다. 이 어마어마한 돈은 바로 미국 주식시장으로 흘러 들어간다. 미국 자산운용협회(ICI)와 노동부에 따르면 401K를 통해 주식에 투자되는 비중은 총 86%에 달한다. 미국 주식이 47%, 주식/채권혼합 28%, 글로벌 주식 11% 순이다. 이러한 미국 퇴직연금제도가 있는 한, 미국 주식시장은 계속 성장할 수밖에 없다.

한국의 국민연금공단도 운용자산 비중 중 국내보다 해외 투자 비중이 더 높으며, 특히 미국 투자 비중이 높다. 국내에 더 투자해야 하겠지만, 수익률을 더 우선으로 생각해 수익률 높은 쪽으로 이동하는 것이다.

한국에 경제위기가 오면 오히려 기회다

만약 한국에 IMF 같은 경제위기가 다시 발생한다면, 국내 주식시장은 그야말로 아비규환이 될 것이다. 그러나 미국 주식에 투자했다면, 환율 상승으로 인해 투자 수익은 오히려 높아진다.

그런데 만약 미국에 경제위기가 온다면? 마찬가지다. 미국에 경제위기가 와도 원/달러 환율은 상승한다. 미국이 경제적으로 어려워지면 미국에 상품을 수출하는 많은 국가가 타격을 입게 된다. 그러면 돈은 안정적인 달러로 흘러 들어간다. 이것이 기축통화를 가진 미국의 힘이다.

미국이나 중국, 한국에 경제위기가 오면 달러 가치는 상승하므로 미국 주식에 투자하는 것이 환율 차익을 얻을 수 있고, 리스크가 상대적으로 작다. 설사 미국 주식가격이 하락하더라도 환율 차익으로 인해 그만큼의 손실을 상쇄할 수 있다는 것이다.

미국 증시는 계속 우상향할 것이다

2023년 미국의 1인당 국민총소득(GNI)은 8만 300달러(약 1억 439만 원)로 3만 6,194달러(약 4,705만 원)인 한국의 2배가 넘는다. 미국의 인구가 3억 3,000만 명이 넘는 것을 감안하면, 국가 전체에서 창출되는 소비 규모는 매우 크다. 이러한 강력한 소비는 기업의 매출을 늘리고, 주가를 상승시키는 강력한 원동력이 된다.

또한, 미국은 전 세계에서 아메리칸 드림을 꿈꾸는 뛰어난 고급 인력들이 계속 유입되고 있으며, 인공지능(AI)과 자율주행 등 제4차 산업혁명을 선도하고 있다.

"미국의 역사는 짧지만 지금껏 미국만 한 인큐베이터는 세상 어디에도 없었다. 미국은 사람들이 각자의 잠재력을 마음껏 드러내게 한다."

워런 버핏이 한 말이다.

미국은 전 세계 경제의 주도권을 쥐고 있으며, 미국 경제가 좋지 않으면 금리인하로 달러를 풀면서 경기를 부양하면 된다. 달러를 계속 찍어내도 망하지 않는 경제 시스템을 갖고 있는 미국! 최소 50년간은 그 힘이 지속될 것으로 보인다.

미국 대표 지수인 S&P 500과 나스닥 지수는 금융위기, 코로나19 등 몇 년간은 부침은 있었지만, 꾸준히 우상향해 왔다. 지난 10년간 지수는 S&P 500이 178% 상승했으며, 나스닥은 자그마치 302% 상승했다.

그림 2. S&P 500 지수(10년간 추이)

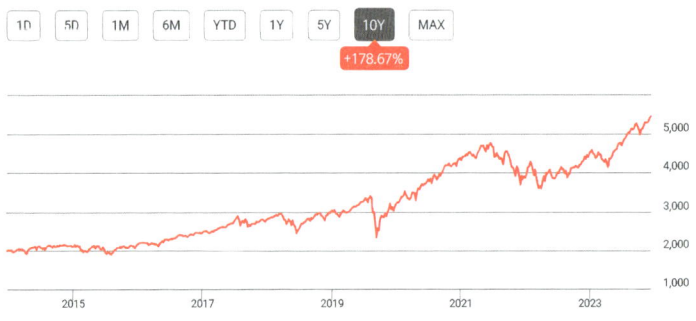

출처: seekingalpha.com

그림 3. 나스닥 지수 (10년간 추이)

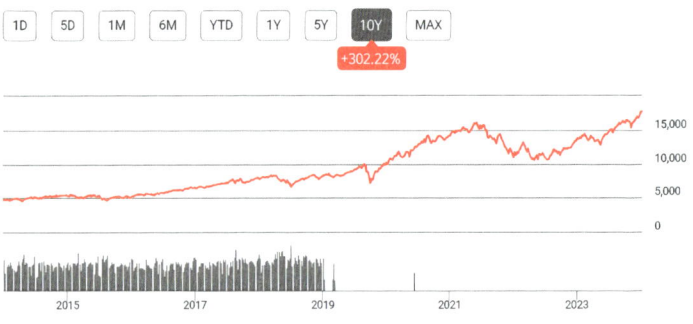

출처: seekingalpha.com

 반면, 한국 KOSPI 지수는 코로나19 이후의 대세 상승기를 제외하고는 지수 2000 박스권에서 계속 머물고 있으며, 최근 10년간 41% 상승하는 데 그쳤다. 미국 S&P 500이 178%, 나스닥이

302% 상승한 것에 비하면 초라하다. 한국 주식에 장기 투자해서 수익을 얻는다는 것은 그만큼 어렵다.

그림 4. 코스피 지수(10년간 추이)

출처: seekingalpha.com

🎯 투자 상식

미국 ETF 이름 분석

한국의 경우 삼성전자는 종목코드가 005930으로 숫자를 사용해 주식 종목을 구분한다. 반면 미국은 티커(Ticker)라는 영문을 사용한다. 예를 들어, 애플 기업은 AAPL을 티커(종목코드)로 사용한다. 국내 투자자들이 흔히 말하는 SPY는 정식 명칭이 아니고, 티커다.

SPY의 정식 명칭은 'SPDR S&P 500 ETF Trust'이다. 맨 앞의 SPDR은 미국 자산운용사 스테이트 스트리트의 브랜드명이다. 마치 삼성자산운용이 KODEX, 미래에셋자산운용이 TIGER라는 ETF 브랜드명을 사용하고 있는 것과 같다. S&P 500은 해당 ETF가 추종하는 지수를 뜻한다. 이렇듯 종목명을 보면 해당 ETF의 성격을 알 수 있다.

꼭 알아야 할 주식, 배당 관련 용어

- **배당락일(Ex-Dividend Date)**

배당금(Amount=Payout)을 받을 수 있는 권리가 없어지는 날로, 이날 1영업일 이전까지 주식을 매수한 상태여야 배당금을 받을 수 있다. 배당락일에 주식을 매도해도 배당금을 받을 수 있기 때문에 많은 매도 물량으로 이날 주가가 하락하는 경우가 많다.

- **배당기준일(Record Date)**

이날에 주주 명단에 등록되어 있어야 배당금을 받을 수 있다. 배당기준일 2영업일 전에는 주식을 매수한 상태여야 배당금을 받을 수 있다.

- **배당지급일(Payment Date=Dividend Date)**

배당금이 입금되는 날이다. 하지만 국내 투자자는 미국과의 시차가 있고, 배당금이 국내 증권사를 통해 들어오기 때문에 실제 1~2일 늦게 본인의 증권계좌로 입금된다.

- **배당성향(Payout Ratio)**

당기순이익(Net Income) 대비 배당금으로 지급되는 금액의 비율이다. 개별 주식 투자 시 중요한 지표이지만 펀드의 성격을 가진 ETF 투자에서는 중요하지 않다.

- **시가총액(Market Cap)**

Market Capitalization의 줄임말로 '주식 수×주식가격'을 의미한다.

- **총수익률(Total Return)**

주가 상승으로 얻는 주식수익률과 배당수익률을 합한 총수익률이다.

- **YTD(Year to Date) Return: 연초 이후 수익률**

- **Symbol=Ticker(주식 종목코드), Shares(보유 주식 수)**

- Cost: 주식 매입 가격, Change: 전날 종가 대비 주가 변화

시가배당률 vs 1년 배당률(TTM)

일반적으로 배당수익률은 주가에 비해 배당금을 얼마나 많이 지급하는지를 나타낸다.

- 배당수익률(Dividend Yield) = (배당금÷주가)×100

예를 들어, A라는 주식은 배당주기가 연 1회로 주가가 20만 원이고, 2만 원을 배당했으면 배당수익률은 연 10%가 된다.

그러나 월배당의 경우는 배당수익률을 볼 때 두 가지를 참고해야 한다. 미국 배당 관련 사이트를 보면 디비던드닷컴(Dividend.com)에서는 시가배당률을, 시킹알파(Seekingalpha.com)에서는 최근 1년 평균 배당률(TTM)을 보여준다.

월마다 배당되는 금액의 편차가 심한 NVDY(YieldMax NVDA Option Income Strategy ETF)의 경우를 예로 들어 보자.

[그림 5]를 보면 디비던드닷컴 사이트에서는 배당률을 'Yield'로 표기하고 115.50%, 29.65달러로 게시되어 있다. 이는 시가배당률이 115.50%이며, 최근 1년 배당금이 29.65달러를 의미한다.

그림 5. 디비던드닷컴 NVDY 배당률

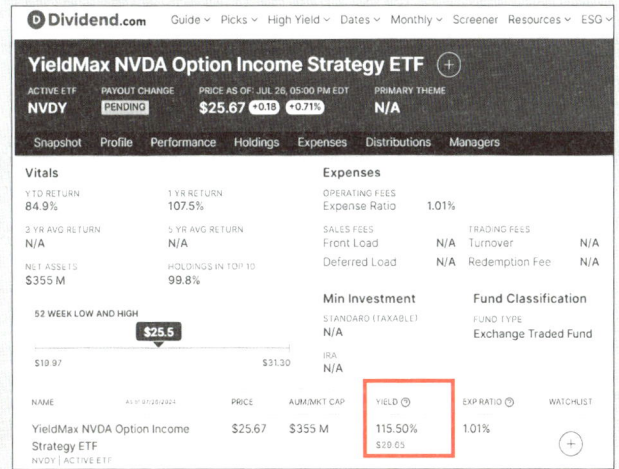

출처: dividend.com

반면에, [그림 6]의 시킹알파 사이트에는 배당률이 Div Yield(TTM)로 표기되며 66.08%, 1년 배당금은 'Annual Payout(TTM)'로 16.96달러로 나와 있다.

그림 6. 시킹알파 NVDY 배당률

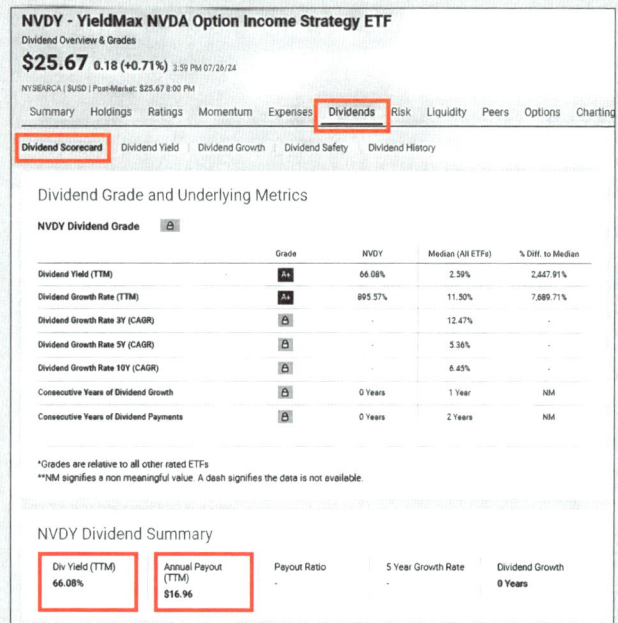

출처: seekingalpha.com

동일한 종목인데 왜 연 배당률이 디비던드닷컴에서는 115.50%, 시킹알파에서는 66.08%로 차이가 크게 나는 걸까?

먼저 디비던드닷컴에서 발표하는 시가배당률에 대해 알아보자. [그림 7]의 배당금(Amount) 지급 내역을 보면, 가장 최근 배당된 2024년 7월 배당금은 2.4707달러이다. 이를 연환산하면, 2.4707달러×12개월=29.65달러가 된다. 즉 7월 배당금을 1년으로 환산한 배당금은

29.65달러. 이를 현재주가(25.67달러)로 나누고 100을 곱하면, 즉 '(29.65달러÷25.67달러)×100=115.50%'가 나온다. 즉 시가배당률이 115.50%가 되는 것이다. 시가배당률은 최근 배당된 금액을 연환산한 것으로 향후에도 이러한 배당률이 예상된다는 의미라고 할 수 있다.

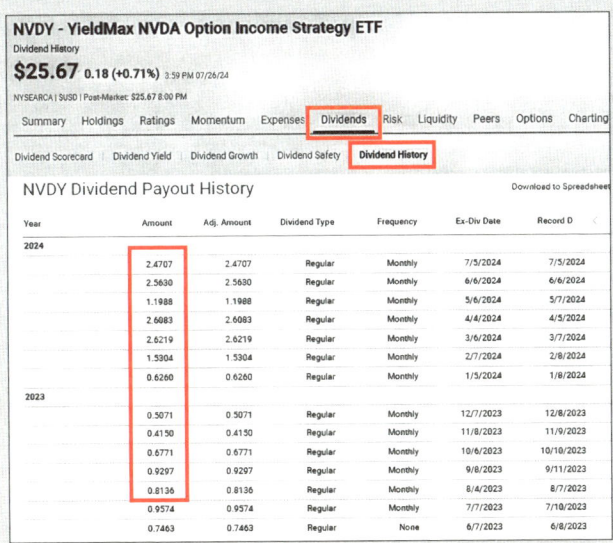

그림 7. NVDY 배당금 지급 내역

출처: seekingalpha.com

반면에, 1년 배당률(TTM: Trailing Twelve Months)은 최근 1년 동안 (2023년 8월~2024년 7월) 매월 지급된 배당금(Amount)을 합산하여 계산한 배당률이라고 할 수 있다.

2023년 8월~2024년 7월까지의 배당금 합계는 16.9616달러이며,

이를 현재주가(25.67달러)로 나눈 것이다. 즉 '(16.9616달러÷25.67달러)×100=66.08%'가 최근 1년간 배당률이 되는 것이다.

다수의 ETF는 시가배당률과 1년 배당률(TTM)의 편차가 심하지 않으나, NVDY처럼 매월 배당되는 배당금의 편차가 매우 심한 종목에 투자할 때는 주의해야 한다. 최근 1년 배당률(66.08%)이 아닌 시가배당률(115.50%)만 참고하여 투자한다면 낭패를 볼 수도 있다. 최근 1년 배당률을 보고 시가배당률을 점검한 후 투자할지 말지 결정해야 한다.

03

미국의 대표적인 ETF, SPY와 QQQ

미국 ETF 하면 가장 잘 알려진 것이 SPY와 QQQ로, 한국인들이 가장 많이 거래하는 ETF다. 배당률은 0.5~1%로 낮으나, 장기적으로 우상향해 온 미국 S&P 500과 나스닥 100 지수를 추종하기 때문에 10년 이상 장기 투자를 목적으로 한다면 매우 탁월한 종목이다.

SPY(SPDR S&P 500 ETF Trust): 시가배당률 1.19%

미국 최초의 ETF가 바로 SPY다. 1993년 1월에 상장되었으며,

미국 S&P 500 지수를 추종한다. 시가총액이 5,336억 달러(약 694조 원)로 세계에서 가장 규모가 크고, 제일 활발하게 거래되고 있는 ETF다. 참고로 뱅가드의 VOO(Vanguard S&P 500 ETF)와 블랙록의 IVV(iShares Core S&P 500 ETF)도 S&P 500 지수를 추종한다.

워런 버핏은 2013년 자신의 유언장에 "내가 죽으면 자산의 90%는 S&P 500 지수를 추종하는 인덱스 펀드에, 10%는 채권에 투자하라"고 적었을 정도로 S&P 500 지수는 안정적이다. 미국을 대표하는 500개의 우량기업에 투자하기 때문에 사실상 미국이라는 국가에 투자하는 것이나 다름없다. ETF는 인덱스 펀드와 근본적인 차이는 없다. 인덱스 펀드를 상장시켜 거래의 편의성을 높인 것이 ETF이기 때문이다.

SPY는 과거 20년간 2008년 금융위기, 2015년 그리고 2018년 미·중 무역 갈등 시기를 빼고는 모두 플러스 수익률을 기록했다. SPY는 1993년 상장 이후로 지금까지 약 1,100% 상승하였다.

운용보수도 0.09%로 저렴하다. 다만, 1주의 가격이 534달러여서 가격이 부담된다면 동일한 운용사, 운용 형태를 가진 SPLG(SPDR Portfolio S&P 500 ETF)를 매수하면 된다. 주식가격은

62.8달러로 낮고, 운용보수도 0.02%로 더 저렴하다.

SPY가 투자하는 종목은 미국 주식시장 시가총액의 80%를 차지하는 500여 개의 우량기업이다. 투자의 36%가 엔비디아, 버크셔 해서웨이, 일라이 릴리(제약회사) 등 상위 10개 종목에 집중된다.

표 2. SPY 운용 내역

티커(종목코드)		SPY	상장일	1993. 1. 22
현재가격		$534.01	운용사	스테이트 스트리트
배당률	시가배당률	1.19%	운용자산	$5,336억 (약 694조 원)
	1년 배당률(TTM)	1.26%	운용보수	0.09%
수익률	1년	27.01%	투자 종목	S&P 500 기업
	5년	101.19%	투자섹터	기술, 금융, 소비재, 헬스케어 등
	10년	227.06%	배당주기	분기배당

- 수익률: 받은 배당금을 재투자한 수익률(Total Return)
- 기준일: 2024년 6월 7일, 환율: 1,300원 가정

출처: seekingalpha.com, dividend.com

그림 8. 배당 내역

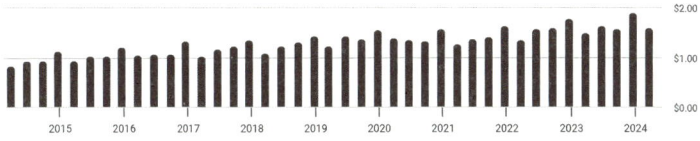

출처: seekingalpha.com

그림 9. 주가 추이

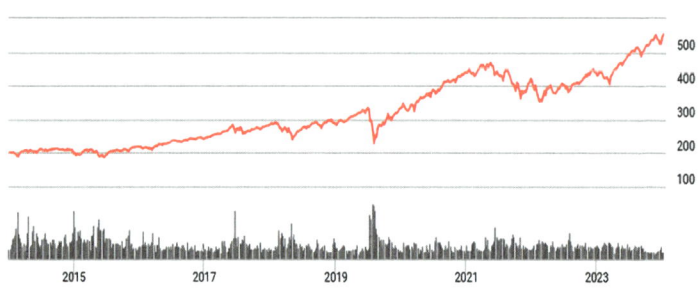

출처: seekingalpha.com

표 3. Top 10 투자 종목(비중, %)

종목	비중
NVIDIA Corp	7.25%
Microsoft Corp	7.18%
Apple Inc	6.74%
Amazon.com Inc	3.62%
Meta Platforms Inc Class A	2.38%
Alphabet Inc Class A	2.24%
Alphabet Inc Class C	1.89%
Broadcom Inc	1.72%
Berkshire Hathaway Inc Class B	1.61%
Eli Lilly and Co	1.54%
Total	36.17%
# of Holdings	504

• Holdings as of 2024-06-18

출처: seekingalpha.com

QQQ(Invesco QQQ Trust ETF): 시가배당률 0.5%

　QQQ는 나스닥 100 지수를 추종하며 SPY와 달리 투자 종목에서 금융주는 제외한다. 향후 미래의 핵심 산업인 인공지능(AI), 자율주행, 블록체인 등의 혁신 기업들이 주를 이룬다. 1999년 상장 이후 지금까지 약 800% 상승하였다.

　투자 종목을 보면 엔비디아, 마이크로소프트, 애플 등 대표적인 빅테크 종목들로 구성되어 있으며, 상위 10개 종목이 전체의 50.6%를 차지하고 있다.
　다만, SPY가 금융, 헬스케어, IT 등 여러 섹터의 기업들에 골고루 투자하고 있는 데 반해, QQQ는 기술주 중심의 경기민감주가 많이 포함되어 있어 경기 흐름에 따라 주가가 크게 변동한다. 즉 하락기나 조정기에는 안정적인 SPY보다 주가 하락 폭이 크다.

　주식가격이 426달러로 부담이 된다면 QQQM(Invesco NASDAQ 100 ETF)을 매수하면 된다. 동일한 운용사, 운용 형태로 투자자들이 부담 없이 투자하도록 주식가격(190달러)과 운용보수(0.15%)만 낮춘 종목이다.

표 4. QQQ 운용 내역

티커(종목코드)		QQQ	상장일	1999. 3. 10
현재가격		$426.96	운용사	인베스코
배당률	시가배당률	0.50%	운용자산	$2,737억 (약 356조 원)
	1년 배당률(TTM)	0.52%	운용보수	0.20%
수익률	1년	33.61%	투자 종목	나스닥 100 기업
	5년	164.53%	투자섹터	금융주를 제외한 기술, 소비재 등
	10년	442.00%	배당주기	분기배당

- 수익률: 받은 배당금을 재투자한 수익률(Total Return)
- 기준일: 2024년 6월 7일, 환율: 1,300원 가정

출처: seekingalpha.com, dividend.com

그림 10. 배당 내역

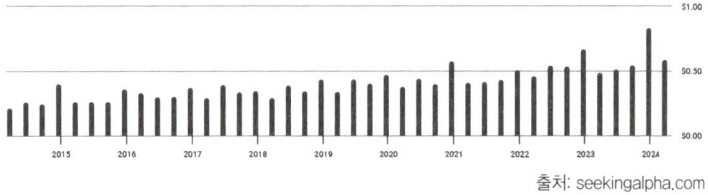

출처: seekingalpha.com

그림 11. 주가 추이

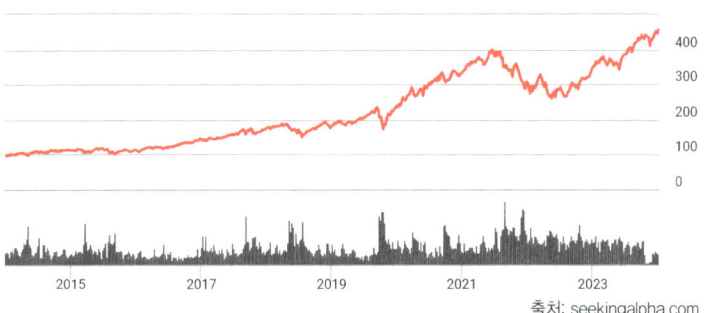

출처: seekingalpha.com

표 5. Top 10 투자 종목(비중, %)

NVIDIA Corp	8.69%
Microsoft Corp	8.50%
Apple Inc	8.48%
Broadcom Inc	5.53%
Amazon.com Inc	4.87%
Meta Platforms Inc Class A	4.48%
Alphabet Inc Class A	2.64%
Alphabet Inc Class C	2.56%
Costco Wholesale Corp	2.56%
Tesla Inc	2.28%
Total	50.59%
# of Holdings	102

• Holdings as of 2024-06-18　　　　　　　　　　　출처: seekingalpha.com

 투자 상식

FED, FRB, FOMC, 연방준비은행, 잭슨홀 미팅?

뉴스를 시청하다 보면 FED, FRB, FOMC, CPI, SEC 같은 낯선 용어들이 뉴스 헤드라인에 등장하고, 제롬 파월 FRB 의장이 인터뷰하는 장면을 종종 볼 수 있다.

간혹 연방준비은행 총재라는 사람을 인터뷰하며 미국 경제, 금리인하에 대해 언급하기도 한다. 이 사람은 또 누구일까?

미국 경제나 투자에 관심 있는 사람이 아니라면 알기 어려운 용어와 사람들일 수 있다. 여기서 한번 알아보자.

- **FED(Federal Reserve System, 연방준비제도, 연준)**
우리나라의 '한국은행'과 같이 통화금융 정책을 결정하며, 기준금리를 감시 대상 1순위로 삼는다.

- **FRB(Federal Reserve Board, 연방준비제도이사회)**
대통령이 임명하는 7명의 이사로 구성된 FED의 최고의결기구로 리더인 FRB 의장(현 제롬 파월)이 세계 경제 대통령 역할을 한다.

- **FOMC(Federal Open Market Committee, 연방공개시장위원회)**
- FRB 인원에서 5명 늘어난 12명으로 구성되어 있다.
  * FRB 이사 7명 + 뉴욕연방준비은행 총재 + 4명의 연방준비은행 총재(11명의 연방준비은행 총재가 순번을 정해 돌아가며 1년씩 위원이 됨. 4명이 한 조로 구성)
- FRB가 방향성을 예측하면 FOMC는 이를 구체화하여 정책을 수립하고 발표한다.
- 45일마다 한 번씩(연 8회) 정례회의를 하며 기준금리 결정 및 경제 상황을 진단하고, 향후 정책 방향을 암시하는 가이던스를 제시한다.

- 회의 내용은 FOMC 회의록으로 2주 후 공개한다.

• **Federal Reserve Bank(연방준비은행)**
- 미국 전역을 12개 지역으로 나눠서 각 지역에 연방준비은행이 설립되어 있다. 주요 역할은 금융기관들을 관리·감독하는 것이다. 12명의 연방준비은행 총재 중 뉴욕연방준비은행 총재가 FOMC 부의장을 겸직한다.
  * 12개 연방준비은행: 뉴욕, 보스턴, 시카고, 샌프란시스코, 애틀랜타, 필라델피아, 댈러스, 클리블랜드, 리치먼드, 세인트루이스, 미니애폴리스, 캔자스시티

• **Jackson Hole Meeting(잭슨홀 미팅)**
- 미국 캔자스시티 연방은행이 매년 8월 와이오밍주의 휴양지인 잭슨홀에서 개최하는 경제정책 심포지엄으로 주요국 중앙은행 총재와 재무장관, 경제 전문가들이 참여한다.

- 본래 성격은 글로벌 경제 현안 및 학술 토론회였지만 2010년 당시 FRB 버냉키 의장이 이 회의의 연설을 통해 2차 양적완화(국채 매입 등을 통해 시중에 유동성을 공급) 정책을 내놓으면서 세계적인 관심을 끌기 시작했다.

• **CPI(Consumer Price Index, 소비자물가지수)**
소비자가 구매하는 상품, 서비스의 가격 변동을 나타내는 지수이다.

일반적으로 전년 동기 대비 또는 전월 동기 대비 어떻게 변했는지를 인플레이션의 기준으로 삼는다.

• Core CPI(근원 CPI)

가격 변동이 심한 식품과 에너지(유가 등)를 제외하고 계산하기 때문에 인플레이션의 근본적인 추세를 파악하는 데 유용하다.

• SEC(Securities and Exchange Commission, 증권거래위원회)

한국의 '금융감독원'과 같은 증권시장 감독 및 규제기관으로 1929년 미국 대공황 이후 투자자 보호를 위해 설립되었다. 상원의 승인을 거쳐 대통령이 임명하는 5인의 위원으로 구성된다.

04
그렇다면 월배당 ETF란 무엇인가?

지금까지 ETF에 대해 알아보았는데, 그럼 최근 대한민국에서 서학개미들에게 선풍적인 인기를 끌고 있는 월배당 ETF는 무엇일까?

월배당 ETF란, 주식이나 채권 등에 투자해서 나오는 배당과 이자 등을 모아 월 단위로 분배하여 분배 수익을 매월 수령할 수 있게 만든 ETF다. ETF에서는 '배당금'이 아닌 '분배금'이라고 말해야 정확하나, 이 책에서는 독자의 이해를 쉽게 하기 위해 '배당금'이라고 표현하겠다.

배당금 원천: 주식 배당, 옵션 프리미엄, 임대수익, 채권 이자

월배당 ETF의 배당금은 배당(주식), 옵션 프리미엄(커버드콜), 임대수익(리츠), 이자(채권)로부터 나온다.

● **배당주에 투자하는 ETF: 배당수익**

일반적으로 배당주는 일반 주식 대비 작은 변동성을 갖고 있으며, 안정적인 배당수익을 추구함과 동시에 주가 상승에 따른 시세차익 추구도 가능하다. 경기침체가 도래하더라도 어느 정도 주가를 떠받칠 수 있는 방어력도 갖추고 있다.

꾸준한 배당과 높은 배당성장률은 장기 투자에 적합하다. 변동성이 큰 시장이라도 배당으로 꾸준히 유입되는 현금이 손실을 버틸 수 있는 힘이 되는 것이다.

예를 들어, 서학개미들에게 인기 있는 SCHD(Schwab U.S. Dividend Equity ETF)의 경우 대표적인 배당 성장주로, 시장의 평균 상승세를 따라잡으며 꾸준히 주가가 상승하면서 배당금도 증가한다.

그러나 배당주는 배당을 많이 지급하는 만큼 기업 성장에 투자할 여력이 감소하고, 상승장에서는 일반 주식에 비해 상승 폭이 상대적으로 작을 수 있는 점은 단점이 될 수 있다.

대표적인 배당 성장주로는 SCHD(Schwab U.S. Dividend Equity

ETF), DGRW(WisdomTree U.S. Quality Dividend Growth Fund ETF), SPHD(Invesco S&P 500 High Dividend Low Volatility ETF) 등이 있다.

● **커버드콜 전략을 구사하는 ETF: 옵션 프리미엄**

커버드콜이란 기초자산인 주식을 매수하면서 동시에 콜옵션을 매도하는 전략을 말한다. 이때 판매한 콜옵션 프리미엄이 높은 배당금의 주요 원천이 된다.

현재 한국에서 인기 있는 커버드콜 ETF는 JEPI(JPMorgan Equity Premium Income ETF), JEPQ(JPMorgan Nasdaq Euity Premium Income ETF), QYLD(Global X NASDAQ 100 Covered Call ETF) 등이 있으며, 연 배당률은 대략 9~12%다. NVDY(YieldMax NVDA Option Income Strategy ETF), TSLY(YieldMax TSLA Option Income Strategy ETF) 같은 개별 종목 커버드콜 ETF는 최근 시가배당률이 50%에 육박한다. 연 배당률 50%라니… 언뜻 보면 사기처럼 보일 수 있지만, 명백한 사실이다. 믿기 힘들다면 국내 사이트(네이버증권, 토스증권 등)나 미국 사이트(시킹알파, 디비던드닷컴 등)에서 매월 지급된 배당금과 배당률을 확인해 보면 알 수 있다.

커버드콜 전략은 파생상품인 옵션의 개념이 포함되기 때문에, 초보 투자자에게는 이해하기 어려운 개념이어서 3장에서 자세히 설명하도록 하겠다.

● **리츠에 투자하는 ETF: 임대수익**

리츠(REITs, Real Estate Investment Trusts)란, 주식 또는 증권을 발행해 다수의 투자자로부터 자금을 모집하고 이를 부동산에 투자하여 얻은 운용수익을 투자자에게 배당하는 것을 목적으로 설립된 부동산 투자회사를 말한다.

리츠 회사는 법인세를 면제받는 조건으로 투자 이익의 90% 이상을 의무적으로 주주들에게 배당해야 하기 때문에, 배당금을 많이 지급할 수밖에 없다. 대표적인 미국 리츠 ETF로는 VNQ(Vanguard Real Estate Index Fund ETF Shares), XLRE(Real Estate Select Sector SPDR Fund ETF), SCHH(Schwab U.S. REIT ETF) 등이 있다. 이 세 ETF는 월배당이 아닌 분기배당을 한다. 월배당으로는 O(Realty Income Corporation), RA(Brookfield Real Assets Income Fund Inc.)가 있다.

높은 배당률로 인해, 미국뿐만 아니라 한국에서도 리츠 ETF는 인기가 많다. 하지만 금리와 부동산 경기에 매우 민감하게 움직이기 때문에 다른 ETF와 비교하면 투자 위험이 크다.

투자 대상 부동산에 공실이 발생하면 임대료 수익이 줄어들고, 공실이 장기화되면 리츠 가격이 하락할 수 있다. 고금리가 지속되면 그에 따른 높은 대출이자 비용으로 리츠 가격과 배당 수익을 감소시킨다. 즉 부동산 경기와 금리 정책에 따라 리츠 가격의 변동성이 매우 커진다.

- **채권에 투자하는 ETF: 이자수익**

　채권은 주식에 비해 상대적으로 안전한 자산으로 안정적인 이자수익 확보가 가능하다.

　투자의 신 워런 버핏이 유언장에서 '전 재산의 90%는 인덱스 펀드에, 10%는 채권에 투자하라'고 말한 것은 분산투자의 개념으로 10%의 여지를 두지 않았나 생각한다.

　분산 차원에서 10% 정도를 채권에 투자하는 것은 좋은 투자 전략인데, 일반적으로 주식과 채권은 반대 방향으로 움직이기 때문이다. 주식이 하락하고, 채권이 상승할 때, 채권에서 일부 차익실현 후 하락한 주식을 저렴하게 사면 된다.

　또한 채권은 금리 변화와 매우 밀접한 관련이 있다. 금리가 하락하면 채권가격이 상승하기 때문에 이자수익 외에 시세차익도 얻을 수 있는 효과가 있다. 앞으로 미국의 금리가 낮아질 것으로 예상되니 관심을 가져볼 만하다.

월배당 ETF가 인기인 이유

얼마 전 뉴스기사에서 시중 은행에서 희망퇴직을 접수받았는데 30~40대 신청자가 많았다고 한다. 그들도 고참 선배들의 모습을 미래의 자신이라고 생각하고, 더 일찍 은퇴하여 제2의 인생을 꿈꾸는 것이다.

보통 희망퇴직을 하면 법정 퇴직금과 희망 퇴직금(일명 위로금이라고 부르기도 한다)을 합해서 대략 3억~5억 원 정도를 받게 되는데, 참으로 애매한 금액이다. 서울에 입지가 좋은 아파트를 구입하기에는 턱없이 부족하고 상가를 구입해서 임대료를 받기에도 애매한 금액이다. 또한, 그 퇴직금을 모두 부동산 등에 투자하기에는 부담스럽다. 비상금 등 예비자금도 남겨둬야 하기 때문이다. 하지만 월배당 ETF를 매수하면, 그보다 훨씬 적은 금액으로 월급만큼의 현금흐름을 충분히 만들어 낼 수 있다.

2023년 9월 기준, 미국에 상장된 3,188개 ETF 중 월배당을 지급하는 ETF는 총 725개 종목으로 22.7%에 이른다. 미국에서는 이미 일반적인 투자 형태로 자리 잡은 지 오래다.

한국에도 2022년 6월에 월배당 ETF가 처음으로 출시되었으며, 이후 약 2년 만에 월배당 ETF 시장은 13조 원 규모로 성장하면서 운용사들이 다양한 상품을 출시하고 있다. 2022년 12월 19개 상품에서 2024년 8월, 77개로 월배당 ETF 상품이 3배 이상 증가하였다. 국내 투자자들 사이에 하나의 투자 트렌드로 자리 잡은 것이다.

이렇게 단기간에 인기를 끌 수 있었던 이유는 무엇일까?

● **예상 가능한 현금흐름**

베이비붐 세대의 은퇴가 본격화되면서 자산관리의 중심축이 적립에서 인출로 이동하는 투자자들이 증가하고 있다. 은퇴 이후 생활자금, 혹은 증가하는 생활비 지출에 대한 대비책으로 월배당 ETF에서 발생하는 현금흐름을 활용할 수 있다. 단순히 보유자산을 매각하여 생활자금으로 사용하는 것보다 더 나은 '은퇴 솔루션'으로 부각하고 있는 것이다.

● **짧은 배당주기로 재투자 효과를 높일 수 있다**

최근에는 20~30대들도 재테크나 주식투자에 관심이 많다. 은퇴(예정) 세대보다 투자기간이 상대적으로 긴 젊은 투자자들의 경우, 자신들의 필요와 생애주기, 스타일에 따라 월배당금을 재투자함으로써 장기적인 복리 효과를 누릴 수 있다.

● **낮은 변동성으로 어느 정도 원금 보존이 가능하다**

 높은 주가 변동성은 초보 투자자에게는 매우 걱정스러운 부분이다. 매일 널뛰는 주가를 경험하고, 마이너스 일변도인 주식계좌를 보면 좌절감이 생겨 이내 주식투자를 포기하게 된다. 투자를 이어 나가더라도 매일 또는 매시간 주가에 신경을 쓰느라 정신적으로 힘들기 마련이다.

 그러나 개별 주식에 비해 변동성이 상대적으로 작은 ETF에 투자한다면, 매매와 상관없이 원금은 어느 정도 보존하면서 매월 일정 수준의 현금을 안정적으로 얻을 수 있다. 여기서 원금이 어느 정도 보존된다는 말은 하락장에서도 개별 주식보다는 상대적으로 덜 하락한다는 의미이지, 원금을 보존해 준다는 말은 아니므로 유의하기 바란다.

● **10% 이상의 고배당을 지급하는 월배당 ETF가 많다**

 내가 미국 월배당 ETF를 투자처로 선택한 가장 큰 이유는 바로 연 배당률 10% 이상의 높은 배당금을 지급하는 ETF가 많다는 것이다. 세금을 고려하지 않고 단순 계산하여 만약 1억 원을 투자한다면, 매월 83만 원의 배당금을 받을 수 있게 된다. 이렇게 높은 배당금을 지급하는 ETF는 리츠에 투자하는 ETF이거나 커버드콜(Covered Call) 전략을 구사하는 ETF이다.

 최근 출시된 커버드콜 전략이 포함된 월배당 ETF의 경우에는

그림 12. 최종 선택은 월배당 ETF

연 30% 이상의 배당금을 지급하는 상품도 존재한다. 믿을 수 없겠지만 현재 그러한 상품이 미국 주식시장에서 판매 중이고, 나 역시도 상당 금액을 투자 중이다.

3장

미국 월배당 ETF
종목 분석

배당주:
주식 배당

SCHD(Schwab U.S. Dividend Equity ETF), **시가배당률 3.13%**
"배당과 성장 두 마리 토끼를 잡는 ETF"

　SCHD는 다우존스 US 디비던드 100 지수를 그대로 추종하는 상품으로, 한국 투자자들에게는 일명 '슈드'라고 불린다. 해당 지수는 1) 10년 이상 연속 배당을 실시한 기업, 2) 시가총액 5억 달러(약 6,500억 원) 이상, 3) 3개월 일평균 거래금액이 200만 달러(약 26억 원)가 넘는 종목을 선정해 100개 종목을 편입한다.
　이렇게 선택된 주식을 시가총액 비중대로 투자하되 개별 기업의 비중이 4%를 넘지 않고, 한 섹터(Sector)의 비중도 25%를 넘지 않게 매년 3월 포트폴리오를 조정한다.

SCHD는 서학개미들이 많이 투자하고 있는 ETF로, 주로 배당수익률보다는 배당성장률을 보고 투자한다. 배당률은 3%대로 기대에 못 미치지만, 배당성장률은 약 11%로 높은데, 이는 매년 배당금이 11%씩 증가한다는 의미이다. 매해 실적이 좋아져야 배당을 늘릴 수 있는 만큼, 배당에 주가 상승 차익까지 노릴 수 있는 ETF다.

그래서 20~30대처럼 젊은 세대에게 적합한 상품이다. 은퇴까지 시간이 많이 남아 있어 배당금을 사용하지 않고 그대로 재투자해 복리 효과를 극대화할 수 있기 때문이다.

최근 조사에 따르면, 미성년 자녀들이 애플, 테슬라 그리고 SCHD 순으로 주식을 보유하고 있는 것으로 알려졌다. 부모들이 자녀의 미래를 위해 SCHD를 선택하고 있는 것이다.

SCHD는 배당을 지급하는 100여 개 기업에 투자하고 있으며, 보유 Top 10 기업에는 텍사스 인스트루먼트(반도체 기업), 코카콜라, 화이자, 블랙록 등이 있다.

표 6. SCHD 운용 내역

티커(종목코드)		SCHD	상장일	2011. 10. 20
현재가격		$77.89	운용사	찰스 슈왑
배당률	시가배당률	3.13%	운용자산	$547억 (약 71조 원)
	1년 배당률(TTM)	3.43%	운용보수	0.06%
수익률	1년	11.60%	투자 종목	10년 이상 배당 늘려온 100개 기업
	5년	75.23%	투자섹터	금융, 기술, 소비재, 헬스케어 등
	10년	177.06%	배당주기	분기배당

- 수익률: 받은 배당금을 재투자한 수익률(Total Return)
- 기준일: 2024년 6월 7일, 환율: 1,300원 가정

출처: seekingalpha.com, dividend.com

그림 13. 배당 내역

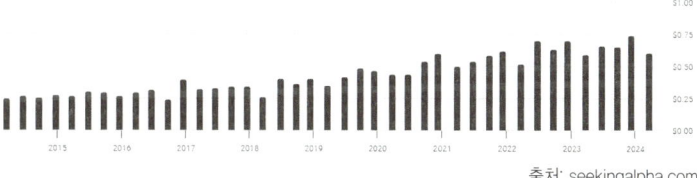

출처: seekingalpha.com

그림 14. 주가 추이

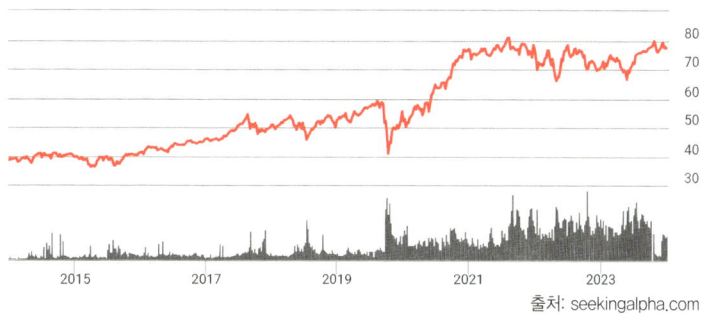

출처: seekingalpha.com

표 7. Top 10 투자 종목(비중, %)

Texas Instruments Inc	4.78%
Amgen Inc	4.38%
Lockheed Martin Corp	4.22%
Coca-Cola Co	4.12%
Pfizer Inc	4.03%
Chevron Corp	4.00%
Verizon Communications Inc	3.97%
PepsiCo Inc	3.96%
BlackRock Inc	3.84%
AbbVie Inc	3.82%
Total	41.12%
# of Holdings	103

• Holdings as of 2024-06-19

출처: seekingalpha.com

02

커버드콜:
옵션 프리미엄

JEPI(JPMorgan Equity Premium Income ETF)**, 시가배당률 7.64%**
"한국인이 사랑하는 JP모건의 커버드콜 ETF"

    JEPI ETF는 국내 서학개미들 사이에서 매우 유명한 상품으로, 세계적인 금융사인 JP모건이 2020년 5월에 상장하였다.

    기초 자산인 S&P 500 지수 상장기업의 주식을 매수하는 동시에, 콜옵션(미래에 주식을 살 수 있는 권리)을 매도하는 커버드콜(Covered Call) 전략을 사용한다. 콜옵션을 매도해 얻은 프리미엄으로 높은 배당금을 투자자에게 지급하고 있다.

    JEPI 운용자산은 335억 달러(약 44조 원)에 이르며, 시가배당률은 7.64%, 운용보수는 0.35%이다.

전 세계적인 JEPI의 폭발적인 인기에 힘입어 한국에도 국내 자산운용사들이 한국형 JEPI 상품을 개발하여 연달아 국내 증시에 상장하고 있다. Top 10 투자 종목에는 트레인 테크놀로지(전기부품 및 장비), 프로그레시브(손해보험) 등이 있다.

표 8. JEPI 운용 내역

티커(종목코드)		JEPI	상장일	2020. 5. 20
현재가격		$56.52	운용사	JP모건
배당률	시가배당률	7.64%	운용자산	$335억 (약 44조 원)
	1년 배당률(TTM)	7.37%	운용보수	0.35%
수익률	1년	12.00%	투자 종목	S&P 500 기업
	5년	–	투자섹터	기술, 금융, 소비재, 헬스케어 등
	10년	–	배당주기	월배당

- 수익률: 받은 배당금을 재투자한 수익률(Total Return)
- 기준일: 2024년 6월 7일, 환율: 1,300원 가정

출처: seekingalpha.com, dividend.com

그림 15. 배당 내역

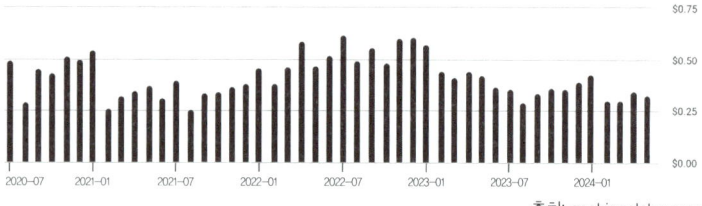

출처: seekingalpha.com

그림 16. 주가 추이

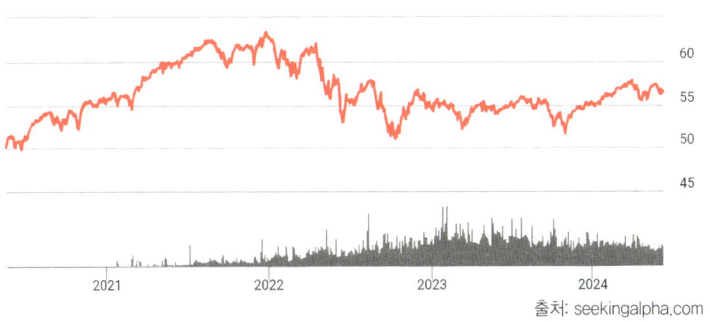

출처: seekingalpha.com

표 9. Top 10 투자 종목(비중, %)

종목	비중
Microsoft Corp	1.74%
Trane Technologies PLC Class A	1.72%
Amazon.com Inc	1.65%
Meta Platforms Inc Class A	1.63%
Progressive Corp	1.63%
Alphabet Inc Class A	1.51%
Mastercard Inc Class A	1.49%
Southern Co	1.47%
Vertex Pharmaceuticals Inc	1.46%
Intuit Inc	1.46%
Total	15.76%
# of Holdings	133

• Holdings as of 2024-06-19

출처: seekingalpha.com

JEPQ(JPMorgan Nasdaq Equity Premium Income ETF), 시가배당률 9.9%
"JEPI의 동생, S&P 500이 아닌 나스닥 100을 추종"

JEPI의 동생 격으로 운용사도 JP모건이며, 운용 구조가 JEPI와 유사하다. 다만 JEPI가 S&P 500 지수를 기초자산으로 한 반면, JEPQ는 나스닥 100 지수를 추종한다. ETF 운용자산은 141억 달러(약 18조 원)이다.

S&P 500과 나스닥 100 모두 마이크로소프트, 아마존 같은 빅테크(Big Tech) 비중이 높지만, 나스닥 100은 나스닥 거래소에 상장된 기술 우량주 위주로 구성된다. 반면 S&P 500은 뉴욕증권거래소와 나스닥거래소에 상장된 대형주로 구성되기 때문에 JEPQ는 기술주에 더 특화된 ETF이다.

최근에 빅테크를 중심으로 나스닥 주가가 급등하자, JEPI보다는 기술주 비중이 높은 JEPQ에 돈이 더 몰리고 있는 상황이다. 운용보수는 JEPI와 마찬가지로 0.35%이며, 시가배당률은 9.90%로 JEPI(7.64%)보다 더 높은 배당금을 지급하고 있다.

표 10. JEPQ 운용 내역

티커(종목코드)		JEPQ	상장일	2022. 5. 3
현재가격		$54.49	운용사	JP모건
배당률	시가배당률	9.90%	운용자산	$141억 (약 18조 원)
	1년 배당률(TTM)	8.74%	운용보수	0.35%
수익률	1년	27.23%	투자 종목	나스닥 100 기업
	5년	–	투자섹터	금융주를 제외한 기술, 소비재 등
	10년	–	배당주기	월배당

- 수익률: 받은 배당금을 재투자한 수익률(Total Return)
- 기준일: 2024년 6월 7일, 환율: 1,300원 가정

출처: seekingalpha.com, dividend.com

그림 17. 배당 내역

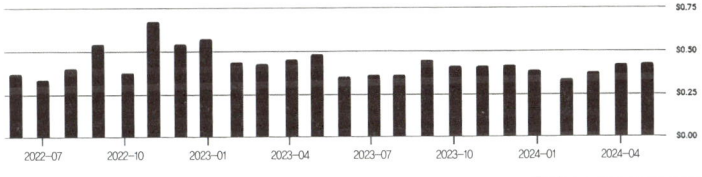

출처: seekingalpha.com

그림 18. 주가 추이

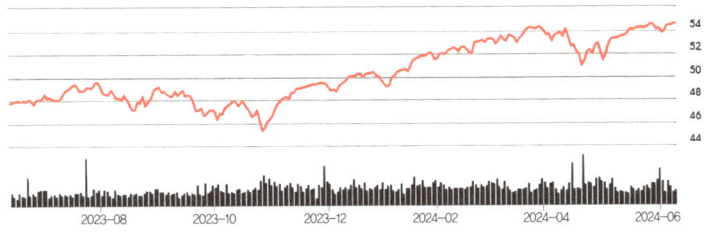

출처: seekingalpha.com

표 11. Top 10 투자 종목(비중, %)

종목	비중
NVIDIA Corp	7.47%
Microsoft Corp	7.46%
Apple Inc	7.40%
Amazon.com Inc	4.45%
Alphabet Inc Class C	4.39%
Meta Platforms Inc Class A	4.11%
Broadcom Inc	3.89%
Netflix Inc	1.87%
Tesla Inc	1.83%
Advanced Micro Devices Inc	1.80%
Total	44.67%
# of Holdings	100

- Holdings as of 2024-06-17

출처: seekingalpha.com

QYLD(Global X Nasdaq 100 Covered Call ETF), 시가배당률 11.05%
"미래에셋의 미국 자회사가 만든 커버드콜 ETF"

10% 이상의 고배당 커버드콜 ETF를 처음 접한 종목이 바로 QYLD다. 미래에셋자산운용이 2018년에 인수한 미국 ETF 운용 자회사인 글로벌 엑스(Global X)에서 출시한 상품이며, 나스닥 100 지수를 추종하는 전형적인 커버드콜 ETF이다.

하버드 석사 출신의 前 산업통상자원부 장관이 QYLD를 상당수 보유 중이라는 사실이 신문에 게재되어 화제가 된 적도 있다. 이후 JEPI가 출시되면서 JEPI에 비해 인기가 뒤처졌지만 여전히 높은 배당률을 보여주고 있다. 10년간 주가는 지속 하락했지만, 받은 배당금을 재투자한 10년 누적 수익률(Total Return)은 104.31%이다.

JEPI, JEPQ에 비해 운용자산도 82억 달러(약 11조 원)로 적고, 운용보수도 0.61%로 0.35%인 JEPI, JEPQ에 비하면 비싼 편이다. QYLD의 동생 격으로 S&P 500을 기초자산으로 하는 XYLD와 Russell 2000 지수(시가총액 1,001~3,000위까지 2,000개 기업의 주가지수)를 추종하는 RYLD도 있다.

표 12. QYLD 운용 내역

티커(종목코드)		QYLD	상장일	2013. 12. 12
현재가격		$17.73	운용사	글로벌 엑스
배당률	시가배당률	11.05%	운용자산	$82억 (약 11조 원)
	1년 배당률(TTM)	11.64%	운용보수	0.61%
수익률	1년	12.59%	투자 종목	나스닥 100 기업
	5년	42.05%	투자섹터	금융주를 제외한 기술, 소비재 등
	10년	104.31%	배당주기	월배당

- 수익률: 받은 배당금을 재투자한 수익률(Total Return)
- 기준일: 2024년 6월 7일, 환율: 1,300원 가정

출처: seekingalpha.com, dividend.com

그림 19. 배당 내역

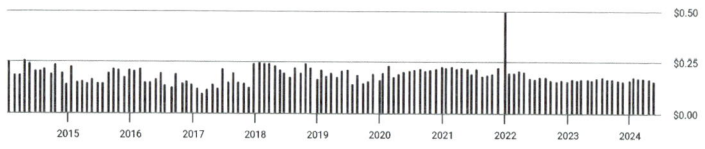

출처: seekingalpha.com

그림 20. 주가 추이

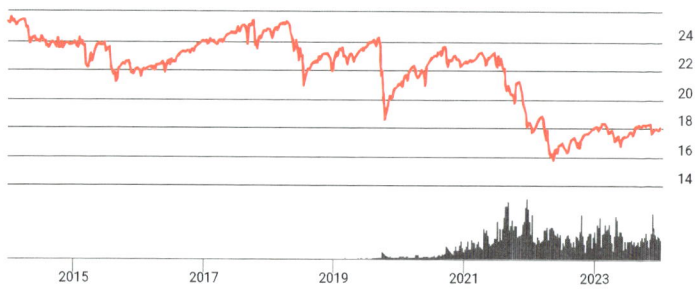

출처: seekingalpha.com

표 13. Top 10 투자 종목(비중, %)

종목	비중
Apple Inc	9.21%
Microsoft Corp	9.17%
NVIDIA Corp	9.01%
Ndx Us 06/21/24 C18600	7.16%
Broadcom Inc	6.02%
Amazon.com Inc	5.26%
Meta Platforms Inc Class A	4.88%
Alphabet Inc Class A	2.87%
Alphabet Inc Class C	2.79%

Costco Wholesale Corp	2.73%
Total	59.10%
# of Holdings	103

- Holdings as of 2024-06-17   출처: seekingalpha.com

NVDY(YieldMax NVDA Option Income Strategy ETF), 시가배당률 107.61%
"엔비디아 콜옵션과 풋옵션 거래를 통해 높은 배당금을 지급"

NVDY는 Tidal(타이달) 인베스트먼트에서 만들었으며, ETF 브랜드명은 YieldMax(일드맥스)다.

엔비디아(NVDA) 주식에 직접적으로 투자하지는 않고 엔비디아의 콜옵션과 풋옵션 거래를 통해 매월 수입(옵션 프리미엄)을 창출하는 커버드콜 ETF이다.

ETF의 성과는 엔비디아의 주가와 동일하게 움직이지 않는데, 엔디비아 주가와의 차이는 주로 엔비디아의 가격 변동, ETF가 거래한 엔비디아 옵션 계약의 가격 변동, 그리고 미국 국채 가격의 변동 등으로 발생한다.

NVDY ETF는 최근 1년 배당률(TTM)이 47%에 이르는 고배당을 지급하고 있고, 주가 상승도 엔비디아와 비슷하게 가고 있다. 6개월 전보다 주가가 42% 상승했으며, 최근에 지급된 월배당금을 시가배당률로 환산하면 자그마치 107.61%이다.

향후 AI 산업의 급성장으로 엔비디아 주가의 변동성이 클 것으로 예상되는 만큼, 콜옵션 프리미엄의 가격이 높고 거래도 활발하여 높은 배당금은 계속될 것으로 전망된다.

운용보수는 1.01%로 상당히 비싼 편인데, 참고로 일드맥스(YieldMax)에서 출시한 초고배당 ETF인 APLY, TSLY, CONY 등은 모두 수수료가 높다.

표 14. NVDY 운용 내역

티커(종목코드)		NVDY	상장일	2023. 5. 10
현재가격		$28.82	운용사	타이달(Tidal) 인베스트먼트
배당률	시가배당률	107.61%	운용자산	$6억 1,000만 (약 7,900억 원)
	1년 배당률(TTM)	47.73%	운용보수	1.01%
수익률	1년	135.34%	투자 종목	미국 국채, 엔비디아 옵션
	5년	–	투자섹터	채권, 펀드, 파생상품
	10년	–	배당주기	월배당

- 수익률: 배당금을 재투자했을 경우의 총수익률(Total Return)
- 기준일: 2024년 6월 7일, 환율: 1,300원 가정   출처: seekingalpha.com, dividend.com

시세차익과 현금흐름이라는 두 마리 토끼의 멱살을 잡고 끌고 가고 있는데, 향후 귀추가 주목된다. 2023년 5월에 상장되어 이제 1년이 조금 지난 상품이어서 아직 시장에서의 안정성과 신뢰성이 검증되지 않았다.

배당이 매우 높은 만큼 리스크도 크니, 투자 포트폴리오에 10% 이하의 비중으로 작게 담아 리스크를 분산하는 것이 바람직할 것으로 보인다.

다음 [표 15]는 NVDY의 월별 배당금 지급 현황인데, 2024년 4월에는 시가배당률이 119.46%였으나, 5월에는 55.91%로 반토막이 났다. 이렇듯 매월 지급되는 배당금액이 들쭉날쭉한 만큼 변동성이 큰 것을 감안해야 한다.

표 15. NVDY 배당 내역(상장 이후)

연도	월	배당금	배당락	기준일	지급일	기준일 주가	시가배당률 (연환산)
2024	6	$2.56	6월 6일	6월 6일	6월 7일	$28.58	107.61%
	5	$1.20	5월 6일	5월 7일	5월 8일	$25.73	55.91%
	4	$2.61	4월 4일	4월 5일	4월 8일	$26.20	119.46%
	3	$2.62	3월 6일	3월 7일	3월 8일	$27.60	114.00%
	2	$1.53	2월 7일	2월 8일	2월 9일	$25.50	72.02%
	1	$0.63	1월 5일	1월 8일	1월 9일	$22.20	33.84%

2023	12	$0.51	12월 7일	12월 8일	12월 13일	$21.37	28.48%
	11	$0.42	11월 8일	11월 9일	11월 16일	$21.31	23.37%
	10	$0.68	10월 6일	10월 10일	10월 16일	$22.22	36.57%
	9	$0.93	9월 8일	9월 11일	9월 18일	$22.53	49.52%
	8	$0.81	8월 4일	8월 7일	8월 14일	$22.54	43.31%
	7	$0.96	7월 7일	7월 10일	7월 17일	$22.85	50.28%
	6	$0.75	6월 7일	6월 8일	6월 15일	$23.59	37.96%

출처: seekingalpha.com, dividend.com

그림 21. 배당 내역

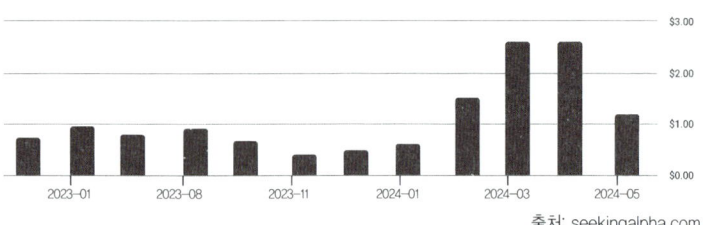

출처: seekingalpha.com

그림 22. 주가 추이

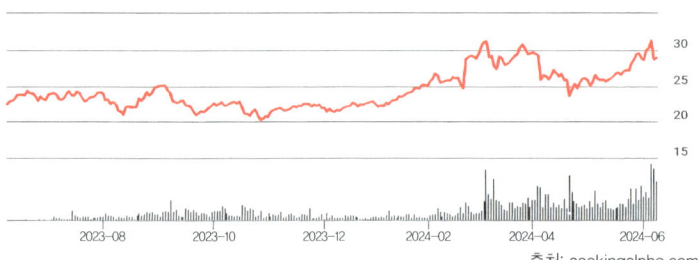

출처: seekingalpha.com

표 16. Top 10 투자 종목(비중, %)

United States Treasury Notes 0.75%	30.82%
United States Treasury Notes 3%	21.20%
United States Treasury Notes 3.88%	21.19%
NVDA US 08/16/24 C127	20.11%
United States Treasury Notes 2.63%	14.64%
NVDA 08/16/2024 127.01 P	11.85%
First American Government Obligs X	3.49%
NVDA US 06/21/24 C137	0.82%
NVDA US 06/21/24 C135	0.59%
Total	124.72%
# of Holdings	11

- Holdings as of 2024-06-17

출처: seekingalpha.com

    [표 16]의 NVDY 투자 종목을 살펴보면 미국 정부 채권에 90% 이상을 투자하고 있으며, 나머지는 엔비디아(NVDA) 옵션(콜옵션, 풋옵션)에 투자한다. Top 10 투자 종목 중 'NVDA US 08/16/24 C127'은 행사가격(Strike Price)이 127달러이고, 옵션 만기일이 2024년 8월 16일인 엔비디아 콜옵션을 의미한다. 참고로, 옵션에 'C'가 들어가면 콜옵션, 'P'가 들어가면 풋옵션이다. 비중이 플러스(+)이면 매수 포지션, 마이너스(-)이면 매도 포지션이다.

    Top 10 투자 종목 비중 Total(합계)이 100%를 넘는 이유는 [표 16]에는 없지만 비중이 마이너스인 콜옵션, 풋옵션이 전체 투자 종목에 포함되어 있기 때문이다.

APLY(YieldMax APPL Option Income Strategy ETF), 시가배당률 27.80%
"애플 콜옵션과 풋옵션 거래를 통해 높은 배당금을 지급"

APLY는 NVDY, TSLY, CONY보다는 시가배당률은 낮지만, 주가 변동성도 상대적으로 낮아서 더 안정적이라고 할 수 있다. 그래도 시가배당률이 연 27%를 넘는다. 콜옵션과 풋옵션을 판매하면서 인컴수익(옵션 프리미엄)을 창출하고, 국채에도 투자하면서 이자수익도 얻고 있는 ETF다.

그동안 애플카 사업 철회로 인한 사업 동력 상실, 중국 매출 부진 등으로 인한 애플 주가 하락으로 APLY도 많이 하락하였다. 그러나 최근 인공지능(AI) 프로젝트를 발표하는 등 향후 애플 주가가 상승할 여지가 큰 만큼 APLY의 전망도 밝아 보인다.

표 17. APLY 운용 내역

티커(종목코드)		APLY	상장일	2023. 5. 10
현재가격		$17.45	운용사	타이달(Tidal) 인베스트먼트
배당률	시가배당률	27.80%	운용자산	$6,820만(약 890억 원)
	1년 배당률(TTM)	27.55%	운용보수	1.06%
수익률	1년	6.95%	투자 종목	미국 국채, 애플 옵션
	5년	–	투자섹터	채권, 펀드, 파생상품
	10년	–	배당주기	월배당

- 수익률: 배당금을 재투자했을 경우의 총수익률(Total Return)
- 기준일: 2024년 6월 7일, 환율: 1,300원 가정

출처: seekingalpha.com, dividend.com

그림 23. 배당 내역

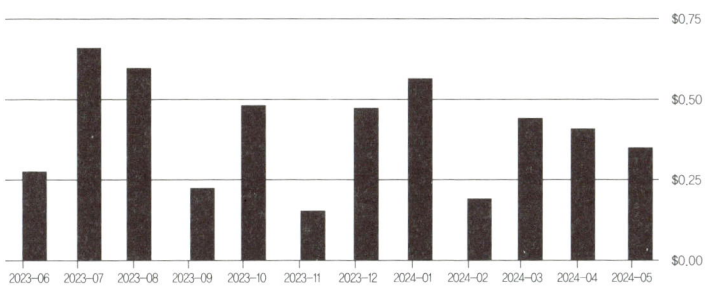

출처: seekingalpha.com

그림 24. 주가 추이

출처: seekingalpha.com

3장. 미국 월배당 ETF 종목 분석

표 18. Top 10 투자 종목(비중, %)

종목	비중
United States Treasury Notes 0.75%	40.13%
United States Treasury Notes 3%	19.88%
United States Treasury Notes 3.88%	19.87%
AAPL US 08/16/24 C120	10.99%
United States Treasury Notes 2.63%	8.53%
AAPL 08/16/2024 210.0 P	4.84%
AAPL US 06/21/24 C217.5	1.66%
First American Government Obligs X	1.56%
AAPL US 06/21/24 C215	0.05%
Total	107.51%
# of Holdings	12

- Holdings as of 2024-06-17

출처: seekingalpha.com

◆ 초고배당의 비밀 ◆

커버드콜(Covered Call)이란?

지금까지 언급한 대로 S&P 500이나 나스닥 100 지수를 추종하는 커버드콜인 JEPI, QYLD의 배당률은 연 10%에 이르며, NVDY처럼 개별 종목인 엔비디아를 추종하는 커버드콜 ETF는 연 50% 이상의 배당률을 기록하고 있다.

그렇다면 어떻게 이러한 높은 배당률이 가능할까? 그 비밀은 바로 커버드콜 전략을 사용한 상품들이기 때문이다. 단순히 주식 배당금이나 채권 이자 정도로는 연 10%가 넘는 배당금이 나오기 어렵다.

커버드콜은 파생상품인 옵션이라는 전략이 들어가서 이해하기 다소 어려울 수 있다. 그러나 10% 이상의 고배당 ETF에 투자하기 원한다면 반드시 공부하고 이해해야 한다.

커버드콜만 잘 이해하면 초고배당 ETF를 투자하는 데 불안함을 느끼지 않아도 될 것이다.

● **옵션(Option)이란?**

커버드콜 옵션 전략을 알려면 우선 옵션의 개념에 대해 알아야 한다. 옵션의 사전적 뜻은 '미래의 특정 시점 또는 그 이전에 특정 기초자산(주식, 채권 등)을 정해진 행사가격으로 사고팔 수 있는 권리'를 말한다. 살 수 있는 권리를 '콜옵션', 팔 수 있는 권리는 '풋옵션'이라고 한다.

콜옵션을 햄버거인 빅맥으로 예를 들겠다.

금융회사가 한 달 후에 빅맥을 5,000원에 살 수 있는 쿠폰(콜옵션)을 나에게 100원에 팔았다고 하자.

1. 한 달 후에 빅맥이 6,000원이 되면 나는 쿠폰(콜옵션)을 사용하면 1,000원의 이익을 본다. 정확하게는 쿠폰(콜옵션) 구입비용 100원을 뺀 900원이 이익이다.
2. 한 달 후에 빅맥이 4,000원이 되면 나는 쿠폰(콜옵션) 사용을 포기한다. 왜냐하면 맥도날드에 가서 4,000원에 사서 먹으면 되는데, 굳이 5,000원에 살 수 있는 쿠폰(콜옵션)을

사용할 필요가 없다. 내가 손해본 것은 쿠폰(콜옵션) 구입비용 100원이 된다.

● **커버드콜이란?**

> 커버드콜(Covered Call) = 주식 매수 + 콜옵션 매도

주식을 매수하는 동시에 해당 주식의 콜옵션을 매도하는 것을 말한다. 콜옵션은 만기일 이내에 주식을 특정가격(미리 정한 가격)에 살 수 있는 권리다. 주식가격이 특정가격보다 높아졌을 때 콜옵션 매수자(투자자)는 옵션을 행사하여 저렴한 가격으로 주식을 살 수 있다. 이때 콜옵션 매수자가 콜옵션 매도자(금융사)에게 지불하는 대가가 옵션 프리미엄이다.

금융사가 A 주식을 2주 보유 중이고, 2주 중 1주를 콜옵션 매도하는 경우를 예로 들겠다(콜옵션 매도비중 50%).

금융사가 보유(2주 보유)한 A 주식의 현재가격이 10만 원이고, 2주 중 1주를 한 달 후에 10만 원에 살 수 있는 권리(콜옵션)를 투자자에게 프리미엄 1만 원을 받고 팔았다고 하자.

1. 한 달 후에 주식가격이 8만 원으로 하락했다면 콜옵션 매수자(투자자)는 권리(10만 원에 살 수 있는 권리)를 행사하지 않을 것이다. 주식시장에서 8만 원에 살 수 있기 때문이다. 하지만 콜옵션을 1만 원에 구입한 매수자(투자자)는 1만 원의 손해를 보게 된다. 금융사는 보유 중인 2개 주식이 하락(10만 원 ⇨ 8만 원)하여 4만 원을 손해봤지만 콜옵션을 매도해서 받은 프리미엄 1만 원을 얻었다. 둘을 상계하면 3만 원의 손실을 본 셈이다.

2. 한 달 후에 주식가격이 12만 원으로 상승했다면 콜옵션 매수자(투자자)는 권리(10만 원에 살 수 있는 권리)를 행사할 것이다. 콜옵션을 1만 원에 구입한 매수자(투자자)는 주식 1주를 2만 원 싸게 살 수 있기 때문에 1만 원의 이득을 보게 된다. 금융사는 보유 중인 2개 주식이 상승(10만 원 ⇨ 12만 원)하여 4만 원 이득을 봤어야 하나, 콜옵션 매수자에게 1주를 10만 원에 매도해야 하는 손실 2만 원을 감안하면 2만 원 이익이다. 그리고 콜옵션 프리미엄 1만 원을 받았으므로 상계하면 3만 원의 수익을 본 셈이다.

이와 같이 커버드콜 ETF는 하락장에서는 하락분을 일부 상쇄하며, 상승장에서는 투자자의 콜옵션 행사로 기초자산인 주식에 비해서는 덜 상승한다.

일반적으로 주가 변동성이 클수록 옵션 프리미엄도 비싸진다. NVDY의 옵션 기초자산인 엔비디아(NVDA)의 주가 변동성이 크기 때문에 옵션 프리미엄도 높다. 그래서 NVDY는 비싸게 판매한 옵션 프리미엄으로 높은 배당금을 지급할 수 있는 것이다.

커버드콜 전략은 복잡하기 때문에 한 번에 이해하는 사람은 없으니 모르겠다고 실망하지 마라. 나도 제대로 이해하는 데 오랜 기간이 소요됐다. 처음에는 이런 개념이구나 하고 넘어가고 반복해서 공부하다 보면 언젠가 개념이 잡힐 것이다.

◆ 투자 일기 ◆

초고배당의 NVDY, 2년 후 주가가 반토막이 나도 이익이다

최근 1년 배당률(TTM)이 47.73%라니! 1억 원을 투자하면 1년에 4,773만 원, 한 달에 398만 원이다(2024년 6월 7일 기준 세전 금액이며, 환율 1,300원 가정).

초고배당 ETF에 대한 우려

인터넷상에서는 NVDY, TSLY, CONY 등 일드맥스(YieldMax)의 초고배당 ETF들이 원금을 깎아 먹으며 배당금을 주고 있다는 글을 종종 볼 수 있다. 커버드콜 ETF는 '제 살 깎아 먹기 전략'으로 결국 장기적으로 가면 주가는 하락할 것이고, 손실을 볼 것이라는 의견이다. 과연 그럴까?

2년 후에 주식가격이 반토막이 나도 이익인데?

어느 날 문득 이런 생각을 하게 되었다.

예를 들어 NVDY의 세후 연 배당률이 40%고, 1억 원을 투자한다면 1년 후 배당금으로 4,000만 원을 받는다. 그리고 배당률에 변동이 없다면 2년 후 8,000만 원의 누적 배당금(80%)을 받게 된다.

2년 후에 NVDY 주가가 설사 반토막(5,000만 원)이 나더라도 누적 배당금(8,000만 원)으로 인해 오히려 플러스 수익을 얻게 되는 것이다. 3년이 지나면 누적 배당률 120%로 원금을 회수할 수 있으며, 5년이 지나면 투자 원금(1억 원) 2배(2억 원)의 누적 배당금을 받는다.

투자 금액(원)	연 배당률(세후)
1억	40%

1년 배당금(원)	2년 배당금	3년 배당금	4년 배당금	5년 배당금
4,000만	4,000만	4,000만	4,000만	4,000만

누적 배당금	8,000만	1억 2,000만	1억 6,000만	2억
누적 수익률	80%	120%	160%	200%

물론, 이것은 연 배당률 40%가 계속해서 유지된다는 가정이다. 도중에 배당금이 크게 삭감될 수도 있고, 원금이 반토막이 날 수도 있다.

그러나 2년 후에 NVDY 주가가 반토막 난다면 미국에 과거 금융위기에 버금가는 사태가 발생한 것인데, 그럴 확률은 매우 희박하다. 설사 발생하더라도 과거 사례를 보았을 때 다시 가격은 회복될 것이다.

정리하면, 2년만 투자해도 80%의 누적 배당수익률을 달성할 수 있으며, 설사 주가가 반토막이 돼도 손해 볼 확률은 낮다.

NVDY가 초고배당이기 때문에 이런 계산이 가능하다. 게다가 주식가격까지 상승한다면 더할 나위 없이 좋은 투자 대상이 된다. 그렇다면 투자해 볼 만하지 않은가?

03

리츠:
임대수익

　리츠 ETF는 리츠 상품이나 리츠 회사에 투자하는 ETF를 통칭한다. 리츠는 'Real Estate Investment Trusts'의 약자로 투자자로부터 자금을 모아 부동산 또는 부동산 관련 증권에 투자하고, 그 수익을 투자자에게 돌려주는 부동산 간접 투자기구인 펀드의 성격을 가지고 있다. 주주들에게 매년 배당가능이익의 90% 이상을 의무적으로 배당해야 하고, 그 수익은 부동산의 임대료에서 발생해야 한다.

　부동산은 인플레이션에 따라 가치가 높아지기 때문에 인플레이션 헤지 수단으로 사용할 수 있으며, 투자 다각화 차원에서 좋은 투자가 될 수 있다. 다만, 부동산에 공실이 발생하면 임대수익이 줄고, 공실이 장기화되면 리츠 가격이 하락하고, 금리가 상승하면 대출이자 비용 증가로 리츠 배당이 줄어들 수 있다. 그만큼 금리에 영향을 많이 받는다.

그동안 고금리와 부동산 침체로 부진했던 리츠가 미국의 금리 인하로 다시금 투자자들의 관심을 받고 있다.

O(Realty Income Corporation), 시가배당률 5.91%
"한국인에게 꾸준히 사랑받아 온 리얼티 인컴"

O(리얼티 인컴)는 ETF가 아닌 개별 기업이지만 성격은 ETF처럼 여러 부동산 보유자산에 투자하여 월배당을 하는 기업이다. 한국 투자자들에게 사랑받는 종목이므로 여기에서 소개하고자 한다.

리얼티 인컴은 1969년에 설립되었으며, 1994년 뉴욕증시에 상장한 후 꾸준히 배당금을 올려왔다. 특히, 2008년 금융위기와 2019년 코로나19 팬데믹에도 오히려 배당금을 올려줬을 만큼 안정적인 종목이다.

중소형 독립 점포에 주력하는 대표적인 회사로 미국, 영국 등에 1만 개 이상 상업용 부동산을 보유하고 있으며, 월마트와 홈디포, 세븐일레븐 등 세계적인 기업들이 주요 고객으로 매월 90%가 넘는 안정적인 임대율을 바탕으로 월배당을 지급하고 있다. 국내 상장 리츠들은 대형 오피스와 리테일 시설, 물류센터 등에 주로 투자하지만, 리얼티 인컴이 보유한 자산의 임차인들은 85개 산업에 걸쳐 있다.

시가배당률은 5.91%이며, ETF가 아닌 개별 주식이므로 운용보수는 없다.

표 19. O 운용 내역

티커(종목코드)		O	상장일	1994. 10. 18
현재가격		$53.32	운용사	부동산투자신탁회사 (리츠)
배당률	시가배당률	5.91%	운용자산	$459억 (약 60조 원)
	1년 배당률(TTM)	5.78%	운용보수	없음 (ETF가 아닌 개별 주식)
수익률	1년	-8.39%	투자 종목	1만 개 이상의 상업용 부동산
	5년	-4.46%	투자섹터	대형마트, 편의점, 약국 체인 등
	10년	97.94%	배당주기	월배당

- 수익률: 받은 배당금을 재투자한 수익률(Total Return)
- 기준일: 2024년 6월 7일, 환율: 1,300원 가정

출처: seekingalpha.com, dividend.com

그림 25. 배당 내역

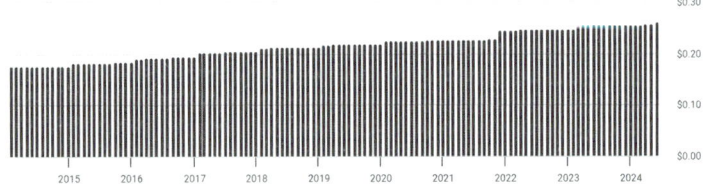

출처: seekingalpha.com

그림 26. 주가 추이

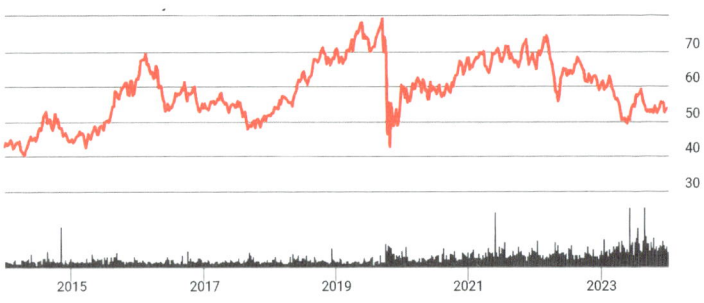

출처: seekingalpha.com

VNQ(Vanguard Real Estate Index Fund ETF Shares), 시가배당률 3.50%
"미국의 대표적인 리츠 ETF"

미국에 상장된 리츠 ETF 중에 규모가 가장 큰 것이 바로 뱅가드(Vanguard) 자산운용이 2004년에 상장한 VNQ다. 자산 규모가 614억 달러(약 80조 원)이며, VNQ가 투자하고 있는 기업 수는 160여 개에 이른다.

VNQ는 기존의 전통적인 리츠(주거용, 산업용, 리테일)뿐만 아니라 성장성이 큰 특수리츠(데이터센터, 통신타워, 개인용 창고)가 포함되어 있다. 인공지능 등 4차 산업혁명에 필요한 인프라 투자도 VNQ를 통해 가능하다.

최근 1년 배당률(TTM)은 4.16%이며, 운용보수는 0.13%다.

개별자산 중 편입 비중이 높은 종목인 아메리칸 타워의 경우, 미국 무선 통신 인프라의 75%를 소유하고 있으며, 주요 임차 고객은 미국 대형 통신사인 AT&T, 버라이즌, T모바일이다.

표 20. VNQ 운용 내역

티커(종목코드)		VNQ	상장일	2004. 9. 23
현재가격		$82.96	운용사	뱅가드
배당률	시가배당률	3.50%	운용자산	$614억 (약 80조 원)
	1년 배당률(TTM)	4.16%	운용보수	0.13%
수익률	1년	2.48%	투자 종목	아메리칸 타워, 프로로지스 등
	5년	11.32%	투자섹터	특수리츠, 주거용 리츠 등
	10년	61.29%	배당주기	분기배당

- 수익률: 받은 배당금을 재투자한 수익률(Total Return)
- 기준일: 2024년 6월 7일, 환율: 1,300원 가정

출처: seekingalpha.com, dividend.com

그림 27. 배당 내역

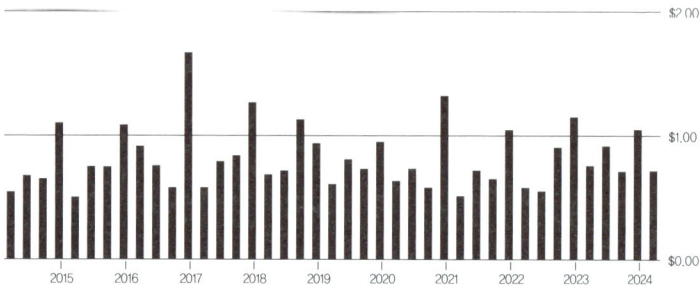

출처: seekingalpha.com

그림 28. 주가 추이

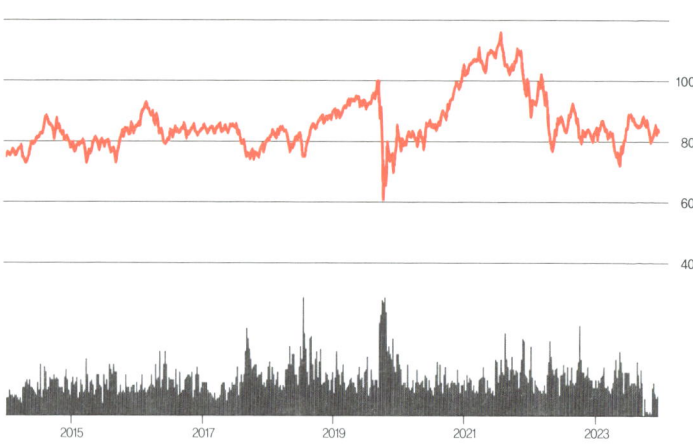

출처: seekingalpha.com

표 21. Top 10 투자 종목(비중, %)

종목	비중
Vanguard Real Estate II Index	13.25%
Prologis Inc	6.66%
American Tower Corp	5.96%
Equinix Inc	4.60%
Welltower Inc	3.76%
Simon Property Group Inc	3.22%
Realty Income Corp	2.98%
Digital Realty Trust Inc	2.96%
Crown Castle Inc	2.90%
Public Storage	2.82%
Total	49.11%
# of Holdings	163

• Holdings as of 2024-05-31　　　　　　　　　　출처: seekingalpha.com

04

채권:
이자

  채권은 주식에 비하면 비교적 안전자산이라고 할 수 있다. 특히 미국 정부에서 발행하는 채권은 세계에서 가장 안전한 자산으로, 글로벌 경제위기가 오면 안전자산인 미국 국채로 돈이 몰리게 된다. 각국 중앙은행들이 경기침체를 막기 위해 금리를 인하하여 시중에 돈을 푸는데, 금리를 인하하면 채권가격은 상승한다.

  그동안 서학개미들이 미국 금리인하를 예상하고 미국 장기채 삼형제 TLT, TLTW, TMF에 대거 투자해 왔지만, 금리인하가 지연되자 주가는 많이 하락하여 투자자들에게 실망을 안겼다.

TLT(iShares 20+ Year Treasury Bond ETF), 시가배당률 3.97%
"가장 대표적인 미국 장기 채권 ETF"

　TLT는 글로벌 자산운용사 1위인 블랙록(BlackRock)에서 만들었다. 운용자산은 492억 달러(약 64조 원)이며, 운용보수는 0.15%다. 만기 20년 이상 미국 장기 채권을 단순 추종한다.

　단기 채권인 SHY(iShares 1-3 Year Treasury Bond ETF), 중기 채권인 IEF(iShares 7-10 Year Treasury Bond ETF)에 비해 배당률이 높다. 단기에서 장기로 갈수록 변동성이 크고, 리스크가 커지는 만큼 배당률도 올라가는 것이다.

　TMF(Direxion Daily 20+ Year Treasury Bull 3X Shares ETF)는 TLT의 3배 레버리지 상품으로 금리인하에 따른 채권가격 상승을 기대하고 레버리지 효과를 극대화한 상품이다. 그러나 반대로 채권가격이 내려간다면 손해가 3배 더 커지기 때문에 투자에 주의해야 한다.

표 22. TLT 운용 내역

티커(종목코드)		TLT	상장일	2022. 7. 22
현재가격		$91.50	운용사	블랙록
배당률	시가배당률	3.97%	운용자산	$492억 (약 64조 원)
	1년 배당률(TTM)	3.83%	운용보수	0.15%
수익률	1년	-5.79%	투자 종목	20년 이상 미국 국채
	5년	-21.96%	투자섹터	장기 채권
	10년	4.75%	배당주기	월배당

- 수익률: 받은 배당금을 재투자한 수익률(Total Return)
- 기준일: 2024년 6월 7일, 환율: 1,300원 가정

출처: seekingalpha.com, dividend.com

그림 29. 배당 내역

출처: seekingalpha.com

그림 30. 주가 추이

출처: seekingalpha.com

표 23. Top 10 투자 종목(비중, %)

United States Treasury Bonds 1.88%	5.29%
United States Treasury Bonds 2%	3.85%
United States Treasury Bonds 1.63%	6.15%
United States Treasury Bonds 3%	4.86%
United States Treasury Bonds 4.13%	4.67%
United States Treasury Bonds 3.63%	3.90%
United States Treasury Bonds 3.13%	3.89%
United States Treasury Bonds 2.5%	3.88%
Total	36.49%
# of Holdings	46

• Holdings as of 2024-06-18

출처: seekingalpha.com

TLTW(iShares 20+ Year Treasury Bond Buywrite Strategy ETF), 시가배당률 11.51%
"채권에 투자하면서 콜옵션을 매도하는 커버드콜 ETF"

TLT와 마찬가지로 블랙록이 2022년 8월 18일에 상장하였고, TLT ETF에 Buywrite Strategy 이름이 추가되었다.

TLTW는 TLT ETF처럼 미국 장기 국채에 투자하는데, 어떻게 연 11.5%라는 높은 배당률이 나올까? 답은 바로 커버드콜 전략을 사용하기 때문이다. 콜옵션을 매도하고 그 프리미엄으로 투자자에게 배당을 준다. 최근 1년간 TLTW는 국내 투자자들이 가장 많이 투자한 미국 주식(ETF) 중 하나이다.

채권에 투자하는 ETF인 만큼 주식에 투자하는 커버드콜인 JEPI, JEPQ, QYLD 등과 서로 보완되어 줄 수 있는 장점이 있다. 왜냐하면 주식과 채권은 상호관계가 음수이기 때문이다. 분산투자로 포트폴리오에 TLTW 종목을 넣는 것을 고려할 만하다. 최근까지 고금리로 인해 주가가 하락해 왔으나, 조만간 금리가 낮아질 것으로 예상되는 만큼 채권가격 상승(금리 하락)으로 주가 상승이 기대된다.

표 24. TLTW 운용 내역

티커(종목코드)		TLTW	상장일	2022. 8. 18
현재가격		$25.47	운용사	블랙록
배당률	시가배당률	11.51%	운용자산	$8억 6,000만 (약 1조 원)
	1년 배당률(TTM)	17.37%	운용보수	0.35%
수익률	1년	-9.03%	투자 종목	20년 이상 미국 국채
	5년	-	투자섹터	장기 채권, 파생상품
	10년	-	배당주기	월배당

- 수익률: 받은 배당금을 재투자한 수익률(Total Return)
- 기준일: 2024년 6월 7일, 환율: 1,300원 가정

출처: seekingalpha.com, dividend.com

그림 31. 배당 내역

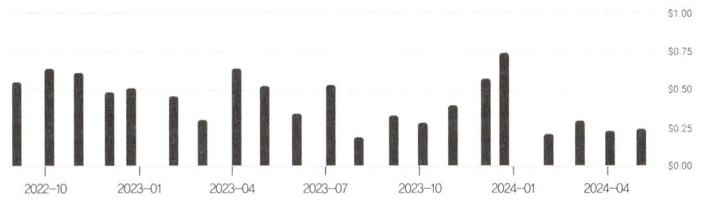

출처: seekingalpha.com

그림 32. 주가 추이

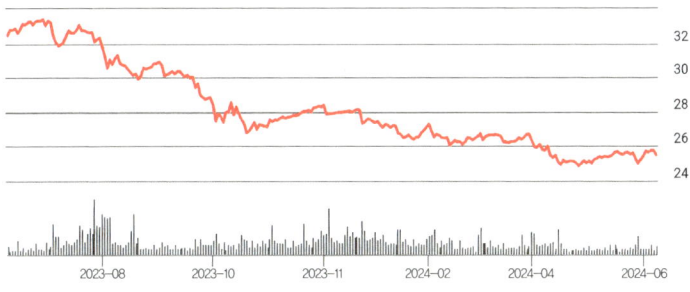

출처: seekingalpha.com

표 25. Top 10 투자 종목(비중, %)

iShares 20+ Year Treasury Bond ETF	100.50%
iShares TLT Jun24 94 Call	0.90%
Blackrock Cash Funds Treasury SI Agency Shares	0.39%
Total	101.79%
# of Holdings	4

• Holdings as of 2024-06-19

출처: seekingalpha.com

3장. 미국 월배당 ETF 종목 분석   125

[미국 배당 ETF 요약(12종목)]

티커(종목)	지수 추종		배당성장	리츠	
	SPY	QQQ	SCHD	O	VNQ
현재가격	$534.01	$426.96	$77.89	$53.32	$82.96
상장일	1993.1.22	1999.3.10	2011.10.20	1994.10.18	2004.9.23
운용사	스테이트 스트리트	인베스코	찰스 슈왑	부동산투자 신탁회사	뱅가드
시가배당률	1.19%	0.50%	3.13%	5.91%	3.50%
1년 배당률 (TTM)	1.26%	0.52%	3.43%	5.78%	4.16%
운용자산	$5,336억 (694조 원)	$2,737억 (356조 원)	$547억 (71조 원)	$459억 (60조 원)	$614억 (80조 원)
운용보수	0.09%	0.20%	0.06%	없음(개별 주식)	0.13%
배당주기	분기배당			월배당	분기배당
수익률(1년)	27.01%	33.61%	11.60%	-8.39%	2.48%
수익률(5년)	101.19%	164.53%	75.23%	-4.46%	11.32%
수익률(10년)	227.06%	442.00%	177.06%	97.94%	61.29%

	커버드콜					채권	
	고배당 (주가지수 추종)			초고배당 (개별주식 추종)		지수 추종	커버드콜
티커(종목)	JEPI	JEPQ	QYLD	NVDY	APLY	TLT	TLTW
현재가격	$56.52	$54.49	$17.73	$28.82	$17.45	$91.50	$25.47
상장일	2020.5.20	2022.5.3	2013.12.12	2023.5.10		2022.7.22	2022.8.18
운용사	JP모건		글로벌 엑스	타이달 인베스트먼트		블랙록	
시가배당률	7.64%	9.90%	11.05%	107.61%	27.80%	3.97%	11.51%
1년 배당률 (TTM)	7.37%	8.74%	11.64%	47.73%	27.55%	3.83%	17.37%
운용자산	$335억 (44조 원)	$141억 (18조 원)	$82억 (11조 원)	$6억 1,000만 (7,900억 원)	$6,820만 (890억 원)	$492억 (64조 원)	$8억 6,000만 (1조 원)
운용보수	0.35%	0.35%	0.61%	1.01%	1.06%	0.15%	0.35%
배당주기	월배당						
수익률 (1년)	12.00%	27.23%	12.59%	135.34%	6.95%	−5.79%	−9.03%
수익률 (5년)	–	–	42.05%	–	–	−21.96%	–
수익률 (10년)	–	–	104.31%	–	–	4.75%	–

- 수익률: 받은 배당금을 재투자한 수익률(Total Return)
- 기준일: 2024년 6월 7일, 환율: 1,300원 가정

출처: seekingalpha.com, dividend.com

◆ 투자 일기 ◆

TQQQ, SOXL 같은 레버리지 ETF 투자는 신중해야 한다

한국예탁결제원 증권정보 포털에 따르면 2024년 8월 9일 기준 미국 주식 보관 금액 상위 10종목 중 레버리지 ETF인 TQQQ가 5위, SOXL이 6위였다(1위 테슬라, 2위 엔비디아, 3위 애플, 4위 마이크로소프트). 한국인들이 이렇게 과감하게 레버리지 투자를 하는 것을 보고 새삼 놀라지 않을 수 없었다.

TQQQ(ProShares UltraPro QQQ ETF)는 나스닥 100 지수를 추종하는 QQQ ETF의 일일 수익률을 3배 레버리지하며, SOXL (Direxion Daily Semiconductor Bull 3X Shares ETF)은 미국 반도체 30개 기업에 투자하는 SOXX(iShares Semiconductor ETF)의 일일 수익률을 역시 3배 추종한다.

레버리지 ETF는 상승장에서는 큰 수익을 얻지만, 하락장에서는 손실이 배로 커지게 마련이다. 예를 들어, 만약 주식이 3배 하락했다가 다시 3배 상승하면 본전이라고 생각할 수 있겠지만 실제로는 손실이다.

[표 26]은 TQQQ가 하락과 상승을 반복할 경우 발생하는 결과다. TQQQ는 3배 레버리지로 움직이기 때문에 QQQ가 10% 하락하면, TQQQ는 30% 하락한다. 처음 원금 100만 원에서 30% 하락 후 다시 30% 상승한다면 언뜻 원금 회복이 됐을 거라고 생각하지만 91만 원으로 9만 원 손실을 본 것이다. 이러한 하락, 상승이 2번 더 반복되면 원금은 75만 원으로 25만 원 손실을 보게 된다. 결국 −25% 손실이다.

표 26 TQQQ 하락과 상승 반복 시 주가 변화

최초	−30%	+30%	−30%	+30%	−30%	+30%
100만 원	70만 원	91만 원	64만 원	83만 원	58만 원	75만 원

주식시장은 계속 우상향할 수는 없다. 폭락장을 만나게 되면 원금이 거의 날아갈 수도 있다. 따라서 레버리지 ETF 투자를 하더라도 상승장이 예상될 때 단기간에만 하는 것이 좋으며, 매우 신중하게 접근해야 한다.

4장

나에게 맞는 투자 포트폴리오 만들기

◆ 포트폴리오 만들기에 앞서 ◆

"배당률이 커질수록 리스크는 증가한다"

연 10% 이상의 고배당주는 대부분 '커버드콜 ETF'다

단순히 주식의 배당, 채권의 이자만으로 연 배당률 10%를 투자자에게 제공하기는 어렵다. 성장주인 SPY, QQQ는 배당률이 0.5~1%에 불과하며, SCHD, TLT, VNQ 등도 3~6%대의 배당률을 지급한다.

현재 10%대의 배당금을 지급하는 상품들은 JEPI, JEPQ, QYLD, TLTW 같은 커버드콜 ETF이다. 커버드콜은 기초자산인 주식 또는 채권을 매수하는 동시에, 파생상품인 콜옵션을 매도하여 얻는 높은 프리미엄으로 투자자에게 고배당을 지급할 수 있는 전략이다.

커버드콜을 활용하면 주가 하락 시에는 옵션 매도 프리미엄만큼 손실이 완충되지만, 주가 상승 시에는 수익률이 일정 수준으로 제한된다는 단점이 있다. 즉 주가 상승에 따른 시세차익은 일정 부분 포기하고, 매월 높은 배당금을 받는 것에 만족해야 한다.

일드맥스(YieldMax)에서 판매하는 TSLY, NVDY, CONY같이 테슬라(TSLA), 엔비디아(NVDA), 코인베이스(COIN) 같은 개별 종목의 콜옵션과 풋옵션을 매도하는 커버드콜은 30% 이상의 초고배당률을 지급한다. 이 기업들은 주가 변동성이 큰 만큼 프리미엄을 비싸게 팔아서 초고배당을 지급할 수 있으나, 그만큼 주가 변동 폭도 크다.

예를 들어 인공지능(AI) 반도체 열풍으로 앞으로 엔비디아 주식이 크게 상승할 것으로 예상되면 콜옵션 프리미엄 가격이 상승하고 판매량도 늘어나서 NVDY의 배당금은 커진다. 그러나 반대로 경기침체가 예상되고 AI 열풍이 사그라지면 콜옵션 프리미엄 가격 하락, 거래량 감소로 배당금은 급감할 수 있다. 그에 따라 마치 롤러코스트를 탄 것처럼 NVDY 가격이 급락할 수 있다.

배당률이 높아질수록 리스크는 커지므로 투자 시 절대 주의해야 한다

따라서 투자 포트폴리오를 만들 때 본인의 투자금, 투자 성향,

처한 상황 등을 고려하여 커버드콜 ETF의 비중을 조절해야 한다.

높은 배당금에 눈이 멀어 이성적으로 판단하지 않고 리스크가 높은 커버드콜에 투자금을 올인했다가 경제적으로 재기할 수 없는 상황이 될 수 있으니 명심하자.

나의 경우에는 은퇴 후 당장 월급만큼의 현금흐름이 필요하기 때문에 조금 무리해서 커버드콜의 비중을 높였다. 하지만 차차 경제적으로 안정이 되면 커버드콜의 투자 비중을 줄이고 SCHD, SPY, QQQ 같은 성장주의 비중을 높일 생각이다.

커버드콜 ETF는 상품 구조가 복잡하고 자산운용사마다 상품 세부 구성이 다르기 때문에 반드시 공부하고 투자해야 한다. 앞으로 소개되는 배당수익률에 따른 포트폴리오는 순전히 나의 개인적인 의견이니 참고하기 바란다. 절대 이렇게 투자하라고 권하는 것이 아니고, 이런 포트폴리오도 있구나 하고 가볍게 읽고 넘어가자.

01

거치식 투자

단기간 내에 많은 배당금을 받는 방법은 큰 투자금을 한꺼번에 투자하는 것이다. '배당금=투자금×배당수익률'이기 때문이다. 배당수익률이 아무리 높아도 투자금이 적으면 손에 쥐는 배당금은 초라할 뿐이다.

배당률이 연 12%인 월배당 ETF에 1억을 투자하면 매월 100만 원(세전)의 배당금을 받을 수 있다. 하지만 1,000만 원을 투자한다면 월 10만 원(세전)이다. 물론 10만 원도 적지 않은 돈이지만, 100만 원과 달리 10만 원은 금세 써버릴 수도 있는 돈이다. 때문에 투자자는 티끌 모아 티끌이라는 생각으로 투자 의욕을 잃게 되고, 그에 따라 장기 투자가 어려워질 수 있다.

그러므로 월배당 ETF의 효과를 빨리 체감하기 위해서는 종잣돈을 빠르게 모아 목돈을 만든 후 거치식으로 투자하는 것이 좋다.

배당수익률 20~30%, 고위험/초고수익
"현금흐름이 당장 필요한 은퇴자"

회사 퇴직 후 당장 월급이 끊긴 사람으로서, 본인이 목표로 하는 것(사업, 창업 등이 될 수 있고, 취미생활을 하면서 돈도 버는 프리랜서일 수도 있다)을 할 때까지 1~2년 정도 꾸준한 현금흐름이 필요할 때 적합한 포트폴리오이다.

당장 매월 월급만큼의 수입이 필요하기 때문에 리스크는 크지만 배당률이 높은 종목을 선택하게 된다. 1~2년 단기간 초고수익 배당률로 포트폴리오를 운용하다가 추진한 사업, 창업, 프리랜서 일이 안정기에 접어들면 배당률은 낮지만 리스크가 작은 포트폴리오로 변경해 가면 된다. 즉 30% 배당수익률 포트폴리오에서 20%, 10%대로 점차 리스크를 낮추는 것이다.

● **배당수익률 30% 포트폴리오**

NVDY의 시가배당률은 2024년 6월 지급된 배당금으로 연환산하면 107.61%이나 매월 지급되는 배당금의 기복이 심하므로,

최근 1년 배당률(TTM) 47.73%를 적용하였다.

[표 27]과 같이 1억 원을 투자하면 매월 세후 209만 원의 현금흐름을 만들 수 있다. 세전으로 따지면 245만 원인데 웬만한 회사의 신입직원 월급과 맞먹는다.

하루에 답답한 사무실에서 8시간 근무하고, 출퇴근으로 2시간 이상을 허비하지 않고, 숨만 쉬고 가만히 누워 있어도 세후 209만 원이 매월 통장에 입금되는 것이다. 물론 이러한 배당금이 앞으로 계속해서 지속된다는 보장은 없다. 해당 ETF의 투자 실적과 운용에 따라 월배당 금액은 크게 줄어들 수 있다는 사실을 명심하자.

표 27. 배당수익률 30% 포트폴리오 월배당 지급액

종목	투자금액 (원)	현재가 ($)	비중	시가배당률 (세전)	월배당 지급액(원) 세전	월배당 지급액(원) 세후 (15% 세금)
NVDY	5,000만	28.82	50%	47.73%	1,988,750	1,690,438
JEPI	1,000만	57.39	10%	7.64%	63,667	54,117
JEPQ	2,000만	54.49	20%	9.90%	165,000	140,250
QYLD	1,000만	17.63	10%	11.05%	92,083	78,271
TLTW	1,000만	25.47	10%	17.37%	144,750	123,038
합계	1억		100%	29.45%*	2,454,250	2,086,113

- 시가배당률(세전) : NVDY, TLTW는 최근 1년 배당률(TTM) 적용
- 기준일: 2024년 6월 7일, 환차익(손), 환전 비용 미감안
* (2,454,250원×12개월÷1억 원)×100=29.45%

4장. 나에게 맞는 투자 포트폴리오 만들기

배당수익률이 30%인 포트폴리오를 구성하다 보니, 모든 종목이 커버드콜 ETF로 짜였다. TLTW도 기초자산은 채권이지만, 미국 장기 채권을 매수하는 동시에 콜옵션을 매도하는 커버드콜 ETF다.

JEPI, JEPQ, QYLD는 시가배당률이 10% 내외이기 때문에 이 종목들만으로는 30% 배당수익률을 만들기 어렵다. 그래서 리스크는 크지만 개별 종목 커버드콜인 NVDY의 비중을 50%로 두고 배당률을 최대한 끌어올렸다. 이렇게 만든 배당수익률 30%의 고위험/초고수익 포트폴리오가 퇴사를 앞두고 당장 현금흐름이 필요한 나의 포트폴리오에 가장 가깝다.

하지만 앞에서 언급했듯이 이러한 높은 배당률이 계속된다는 보장은 없다.

채권형 커버드콜인 TLTW를 분산투자 차원에서 10%의 비중으로 두었다. 앞으로 미국의 금리가 낮아지면 주가 상승과 함께 배당금이 증가할 것으로 기대된다.

그 외 투자 비중을 JEPI 10%, JEPQ 20%, QYLD 10%로 두었는데, 최근 인공지능(AI) 등 기술주가 강세이므로 나스닥 100 지수를 추종하는 JEPQ 비중을 20%로 구성했다.

리스크는 매우 크지만 그만큼 배당금을 많이 주기 때문에 당장 높은 현금흐름을 추구하는 투자자라면 고려해 볼 만한 포트폴리오이다. 단, 장기간으로 가져갈 포트폴리오는 아니고, 단기적으로 큰 현금흐름이 필요할 때 적합하다.

앞서 말했듯이 초고배당의 비밀은 옵션 프리미엄 수익에 있다. 옵션 프리미엄 수익은 추종하는 지수 또는 종목의 주가가 등락을 반복하는 변동성이 클수록 수익이 증가하는 특징이 있다. 주가의 가격이 높을수록 투기 심리가 높아져 옵션 판매가 증가하고 판매가격도 비싸져 높은 배당금 지급이 가능하다.

특히, 테슬라(TSLA), 엔비디아(NVDA)같이 변동성이 큰 주식은 옵션 프리미엄이 매우 높게 형성된다. 따라서 이 개별 종목을 추종하는 TSLY, NVDY 같은 초고배당 ETF들은 옵션 프리미엄 수익으로 연 50%에 육박하는 배당수익률을 자랑한다. 그러나 변동성이 큰 만큼 주식 폭락의 가능성이 크고, 옵션 운용수익이 적자가 난다면 배당금도 급격히 줄어들 것인데, 이는 주가 하락폭을 키우는 악순환이 될 수 있다.

● 배당수익률 20% 포트폴리오

리스크를 조금 줄이고 싶으면 배당수익률을 10% 낮춰서 다음과 같이 20% 포트폴리오를 만들면 된다.

변동성이 큰 NVDY의 비중을 20%로 낮추고, 시가배당률

표 28. 배당수익률 20% 포트폴리오 월배당 지급액

종목	투자금액 (원)	현재가 ($)	비중	시가배당률 (세전)	월배당 지급액(원)	
					세전	세후 (15% 세금)
NVDY	2,000만	28.82	20%	47.73%	795,500	676,175
APLY	1,000만	17.45	10%	27.80%	231,667	196,917
JEPI	3,000만	57.39	30%	7.64%	191,000	162,350
JEPQ	3,000만	54.49	30%	9.90%	247,500	210,375
TLTW	1,000만	25.47	10%	17.37%	144,750	123,038
합계	1억		100%	19.33%	1,610,417	1,368,855

• 시가배당률(세전) : NVDY, TLTW는 최근 1년 배당률(TTM) 적용
• 기준일: 2024년 6월 7일, 환차익(손), 환전 비용 미감안

27.8%의 APLY를 10% 추가하였다. APLY는 개별 종목인 애플(AAPL)의 콜옵션과 풋옵션을 매도하는 커버드콜이다. 애플이 엔비디아보다는 상대적으로 주가 변동성이 낮기 때문에 APLY도 NVDY보다 리스크가 낮다고 할 수 있겠다.

또한 최근 인공지능(AI)에서 뒤처졌다는 애플이 AI 기능을 탑재한 스마트폰 출시로 향후 트렌드를 주도할 것으로 예상되는 만큼 APLY의 전망도 밝아 보인다.

JEPQ, QYLD 모두 나스닥 100을 추종하나, 최근 1년 수익률(TR)이 JEPQ가 27.23%로 QYLD 12.59%보다 높으므로 이번

포트폴리오에서 JEPQ의 비중을 30%로 높이고 QYLD를 제외시켰다.

배당률 10% 내외의 JEPI와 JEPQ의 비중은 60%로 높였는데, 이렇게 하면 1억 원 투자 시 세후로 매월 137만 원의 배당금을 받을 수 있다.

배당수익률 10~15%, 중위험/고수익
"파이어족을 꿈꾸는 30~40대 직장인"

현재의 삶이 꿈꿔왔던 인생이 아니고, 앞으로 다른 인생을 꿈꾸는 직장인이라면 3~4년 후 조기 은퇴를 목표로 하는 포트폴리오가 될 수 있다. 10~15% 배당률로 배당금을 받으면 다시 재투자하여 원금을 계속 늘리고, 은퇴 시점에 퇴직금 등을 합하여 월급만큼의 현금흐름을 준비하는 과정이다.

배당수익률 10~15%야말로 여러분에게 추천할 만한 배당률이다. 앞선 배당수익률 20~30% 포트폴리오는 리스크가 큰 종목들로 구성되어 있어 무리가 있으며, 5~7% 배당수익률은 투자자를 만족시키지 못할 것 같다. 그러나 10~15%라면 배당수익률로서 만족스럽지 않은가?

물론 배당률 10~15%도 일반 채권, 정기예금 등에 비하면 매우 높은 수익률인 만큼 당연히 그에 따른 리스크도 동반한다는 것을 다시 한번 강조한다.

- **배당수익률 15% 포트폴리오**

앞선 배당수익률 20% 포트폴리오와 비교하여 개별 커버드콜인 NVDY와 APLY의 비중을 30%에서 15%로 대폭 낮춰서 리스크를 줄였으며, 상대적으로 안정적인 커버드콜인 JEPI와 JEPQ의 비중을 70%로 확대했다.

최근 인공지능(AI), 사물인터넷 등 4차 혁명에 대한 기대감으로 나스닥이 S&P 500 지수보다 상승 중이어서 나스닥 100 지수를 추종하는 JEPQ의 비중을 JEPI보다 높게 구성할 수도 있다. 그러나 나스닥 100에서 비중이 큰 매그니피센트 7(엔비디아, 마이크로소프트, 애플, 구글, 메타, 아마존, 테슬라)의 폭락에 대비하여 금융, 헬스케어 등 여러 섹터가 골고루 포함된 S&P 500 지수를 추종하는 JEPI의 비중을 JEPQ와 동일하게 유지하였다.

커버드콜이지만 기초자산이 채권인 TLTW의 비중을 15%로 높임으로써 분산투자 효과를 증대시켰다. 1억 원 투자 시 세전으로 매월 124만 원, 세후로는 106만 원이 가능한 배당률 15% 포트폴리오다.

표 29. 배당수익률 15% 포트폴리오 월배당 지급액

종목	투자금액 (원)	현재가 ($)	비중	시가배당률 (세전)	월배당 지급액(원)	
					세전	세후 (15% 세금)
NVDY	1,000만	28.82	10%	47.73%	397,750	338,088
APLY	500만	17.45	5%	27.80%	115,833	98,458
JEPI	3,500만	57.39	35%	7.64%	222,833	189,408
JEPQ	3,500만	54.49	35%	9.90%	288,750	245,438
TLTW	1,500만	25.47	15%	17.37%	217,125	184,556
합계	1억		100%	14.91%	1,242,291	1,055,948

- 시가배당률(세전) : NVDY, TLTW는 최근 1년 배당률(TTM) 적용
- 기준일: 2024년 6월 7일, 환차익(손), 환전 비용 미감안

● **배당수익률 10% 포트폴리오**

배당수익률 10% 포트폴리오에서는 배당금은 많으나 리스크가 큰 개별 종목 커버드콜인 NVDY와 APLY를 제외시켰다.

주식을 추종하는 커버드콜인 JEPI, JEPQ, QYLD는 80% 비중으로 높이고, 채권을 추종하는 커버드콜인 TLTW는 10%를 유지하였다.

그리고 배당률 10% 포트폴리오에 커버드콜이 아닌 리츠 ETF인 VNQ를 포함했다. 리츠는 사실상 금리 하락에 베팅한다고 할

수 있는데, 최근에 미국 기준금리가 낮아질 것에 대한 기대감이 커지면서 상승세를 타고 있기 때문이다.

　분산투자 차원에서 주식, 채권에 이어 부동산이라는 기초자산을 포트폴리오에 편입한 것이다.

표 30. 배당수익률 10% 포트폴리오 월배당 지급액

종목	투자금액 (원)	현재가 ($)	비중	시가배당률 (세전)	월배당 지급액(원)	
					세전	세후 (15% 세금)
JEPI	3,000만	57.39	30%	7.64%	191,000	162,350
JEPQ	3,000만	54.49	30%	9.90%	247,500	210,375
QYLD	2,000만	17.73	20%	11.05%	184,167	156,542
TLTW	1,000만	25.47	10%	17.37%	144,750	123,038
VNQ	1,000만	53.32	10%	3.50%	29,167	24,792
합계	1억		100%	9.56%	796,584	677,097

· 시가배당률(세전): TLTW는 최근 1년 배당률(TTM) 적용
· 기준일: 2024년 6월 7일, 환차익(손), 환전 비용 미감안

배당수익률 5~7%, 저위험/중수익
"배당금을 재투자해 자산을 불리고 싶은 20~30대"

　최근 신문기사에 따르면 미국에 상장된 월배당 ETF를 매수한

서학개미 중 40대 이하가 74.1%라고 한다. 배당형 상품은 주로 은퇴를 앞둔 50~60대가 선호한다는 통념을 뒤집는 내용이다. 20~30대 젊은 층들도 월배당 ETF를 통해 제2의 월급으로 삶의 질을 높이고 조기 은퇴를 꿈꾸고 있는 것이다.

- **배당수익률 7% 포트폴리오**

배당수익률 7% 포트폴리오는 돈을 모으고 싶으나 낮은 예금/적금 금리는 성에 차지 않고, 그렇다고 테슬라 같은 개별 주식투자는 겁이 나서 상대적으로 안정적인 투자를 원하는 2030세대에게 적합한 방법이다.

표 31. 배당수익률 7% 포트폴리오 월배당 지급액

종목	투자금액 (원)	현재가 ($)	비중	시가배당률 (세전)	월배당 지급액(원)	
					세전	세후 (15% 세금)
SPY	500만	534.01	5%	1.19%	4,958	4,215
QQQ	500만	426.96	5%	0.50%	2,083	1,771
SCHD	1,500만	77.89	15%	3.13%	39,125	33,256
JEPI	3,500만	56.52	35%	7.64%	222,833	189,408
JEPQ	3,500만	54.12	35%	9.90%	288,750	245,438
TLT	500만	91.50	5%	3.97%	16,542	14,060
합계	1억		100%	6.89%	574,291	488,148

• 기준일: 2024년 6월 7일, 환차익(손), 환전 비용 미감안

매월 배당금도 꾸준히 받으면서 생활비로 사용해도 되고, 주가가 크게 상승했을 때 매도를 통해 차익 실현도 가능하다. 매월 일정하고 예측 가능한 현금이 들어온다는 것은 심리적인 안정감을 줄 것이고, ETF 가격이 하락해도 버틸 수 있는 힘이 될 것이다.

장기 우상향하는 S&P 500, 나스닥 100 지수를 추종하는 SPY, QQQ와 배당 성장주인 SCHD, 만기 20년 이상 미국 국채에 투자하는 TLT를 이번 포트폴리오에 처음으로 편입하였다.

SPY와 QQQ를 합하여 10% 비중, SCHD는 15%, TLT는 5% 비중으로 분산 투자하였다. 1억 원 투자 시 매월 세전 57만 원, 세후로는 49만 원을 받을 수 있다.

● **배당수익률 5% 포트폴리오**

배당수익률 5% 포트폴리오에서는 장기 성장주인 SPY, QQQ, SCHD의 합계 비중을 50%로 확대하고, 커버드콜인 JEPI와 JEPQ의 비중을 70%에서 40%로 낮춰서 안정적인 포트폴리오를 구축하였다. 채권(TLT) 비중은 5%에서 10%로 늘렸다.

배당수익률이 4% 이하의 ETF 투자는 그다지 추천하지 않는다. 배당수익률 2~4%를 원하면 리스크가 낮은 저축은행의 예금이나 정부/공기업의 채권을 매수하는 게 현명하기 때문이다. 굳이 ETF에 투자할 필요가 없다.

표 32. 배당수익률 5% 포트폴리오 월배당 지급액

종목	투자금액 (원)	현재가 ($)	비중	시가배당률 (세전)	월배당 지급액(원)	
					세전	세후 (15% 세금)
SPY	1,000만	534.01	10%	1.19%	9,917	8,429
QQQ	1,000만	462.96	10%	0.50%	4,167	3,542
SCHD	3,000만	77.89	30%	3.13%	78,250	66,513
JEPI	2,000만	56.52	20%	7.64%	127,333	108,233
JEPQ	2,000만	54.12	20%	9.90%	165,000	140,250
TLT	1,000만	91.50	10%	3.97%	33,083	28,121
합계	1억		100%	5.01%	417,750	355,088

- 기준일: 2024년 6월 7일, 환차익(손), 환전 비용 미감안

02 적립식 투자

　장기적인 관점에서 투자할 수 있는 시간적 여유가 많은 미성년자의 경우, 매년 배당금도 증가하고 주가도 상승하는 성장성이 큰 ETF에 적립식으로 투자하는 것이 좋다.

미성년 자녀를 위한 투자

　2023년 4월부터 법정대리인(부모)이 미성년 자녀의 증권계좌를 은행이나 증권사에 가지 않고 비대면으로 개설할 수 있게 되었고, 증여 관련 절세 효과 때문에 증권사의 미성년 고객 수가 급증하고 있다. 금융투자 업계에 따르면, 키움증권의 미성년 고객 수가 4년 만에 10배가 넘게 늘어났다고 한다. 참고로, 미성년 자녀에게 10년간 2,000만 원(성인 자녀는 5,000만 원)까지 증여세를 내지 않고 증여가 가능하다.

● **10년 이상을 내다보는 포트폴리오**

10년 이상의 시간을 갖고 있는 자녀들에게는 지난 10년간 수익률(Total Return: 받은 배당금을 재투자한 수익률)이 227.06%인 SPY와 442%인 QQQ에 투자하는 것을 추천한다. 그리고 배당률이 3.13%이고, 지난 10년간 배당성장률이 10.87%로 매우 높은 SCHD에 투자하면 좋다. 장기적인 투자인 만큼 투자 종목도 심플하게 3종목만 해도 문제없다.

다음은 3,000만 원 투자 포트폴리오로 SPY, QQQ, SCHD를 동일한 비중으로 담았다(표 33). 배당률은 1.61%로 낮지만 10년 이상의 미래를 바라보는 장기 투자이기 때문에 배당률보다는 주가 상승과 복리 효과를 추구하는 투자다. 꾸준히 정기적으로 나오는 배당금을 재투자해 자산을 계속 늘려가면 된다.

미국의 전설적인 투자자 워런 버핏도 성공적인 투자를 위해 일정 수준 이상의 수익률로 장기 투자해야 한다며 복리 효과의 중요성을 강조했다.

표 33. 10년 이상을 내다보는 포트폴리오

종목	투자금액 (원)	현재가 ($)	비중	시가배당률 (세전)	월배당 지급액(원)	
					세전	세후 (15% 세금)
SPY	1,000만	534.01	33.33%	1.19%	9,917	8,429
QQQ	1,000만	426.96	33.33%	0.50%	4,167	3,542
SCHD	1,000만	77.89	33.33%	3.13%	26,083	22,171
합계	3,000만		100%	1.61%	40,167	34,142

• 기준일: 2024년 6월 7일, 환차익(손), 환전 비용 미감안

◆ 투자자의 선택 ◆

투자 금액을 높일 것인가, 배당률을 높일 것인가?

'배당금=투자 금액×배당률'이다.

매월 받는 배당금을 높이려면 투자하는 금액을 높이든지, 배당률이 높은 종목에 투자하든지 둘 중 하나다.

'투자금을 높이는 것' 또는 배당률이 높은 '초고배당 종목에 투자하는 것' 모두 리스크가 상존한다. 그러나 배당 투자자라면 둘 중 하나를 선택해야 한다.

[표 34]와 같이 (오렌지색 표시) 월배당금은 149만 원으로 동일하지만 하나는 투자 금액 7,000만 원에 배당률 30%인 반면, 다른 하나는 투자 금액 3억 원에 배당률 7%이다.

표 34. 투자 금액과 배당률에 따른 월배당금(세후, 단위: 원)

투자 금액	중배당		고배당		초고배당	
	5%	7%	10%	15%	20%	30%
1,000만	4만	5만	7만	11만	14만	21만
3,000만	11만	15만	21만	32만	43만	64만
5,000만	18만	25만	35만	53만	71만	106만
7,000만	25만	35만	50만	74만	99만	149만
1억	35만	50만	71만	106만	142만	213만
2억	71만	99만	142만	213만	283만	425만
3억	106만	149만	213만	319만	425만	638만
4억	142만	198만	283만	425만	567만	850만
5억	177만	248만	354만	531만	708만	1,063만

여러분이라면 어떤 투자를 선택할 것인가?

리스크가 큰 초고배당 종목(배당률 30%)을 선택하는 대신 투자 금액을 낮춰서(7,000만 원) 위험을 감소시킬 것인가? 아니면 투자 금액을 높이고(3억 원) 배당률을 낮춰(7%) 리스크를 줄일 것인가? 나는 전자를 선택하겠다. 배당률이 높은 종목이라 위험도는 크지만 투자 금액이 상대적으로 적은 만큼 손실도 그만큼 적을 것이다.

투자 상식

배당성장률(Dividend Growth)이란?

배당성장률은 배당금이 얼마나 증가했는지를 보여주는 지표이다. 예를 들어 2023년도에 연간 배당이 1,000원이었는데, 2024년도에 1,100원이라면 1년 배당성장률은 10%이다.

배당성장률이 높은 주식(ETF)에 배당금을 재투자하면 복리 효과는 계속 커지게 된다. 참고로, SCHD의 지난 10년간 연평균 배당성장률은 10.87%이다. SPY는 6.69%, QQQ는 9.93%이다.

◆ 솔직 공개 ◆

나의 월배당 ETF
실제 투자 현황

　지금까지 미국 월배당 ETF의 높은 배당률에 대해 설명하고 배당수익률별 포트폴리오도 예를 들어 설명했다. 그런데 독자 중에는 "그래서 당신은 배당수익률이 몇 퍼센트이고, 매월 얼마를 받고 있는 거야?" 이렇게 궁금해하는 분이 분명 있을 것이다.

　나는 2022년 1월에 처음 고배당 커버드콜인 QYLD에 대해 알게 되었고, 이후 커버드콜을 공부하면서 선발대 개념으로 다양한 커버드콜을 조금씩 매수하기 시작했다. 몇 년간 주가흐름을 살펴보았고, 자산운용사에서 공지한 배당금을 실제 내 계좌로 넣어주는지 확인했다. ETF를 매수하고 약 한 달 후 카카오톡으로 배당금이 나의 증권계좌에 입금되었다는 알림을 수신했고, 그다음 날에는 그 배당금이 증권계좌에서 인출되어 나의 은행계좌로 입금되었다는 카카오톡을 받았다.

그 당시 QYLD의 배당률은 약 12%였는데, 세금이 자동으로 알아서 차감되고 환전되어 내 은행계좌로 들어오니 신기할 따름이었다. 역시 실제로 실행해 봐야 한다. 의심하고 고민만 하면 좋은 투자 기회를 놓친다.

그 이후 미국 월배당 ETF 종목에 대해 꾸준히 공부하였고, 어떠한 리스크를 갖고 있는지 출시된 지 얼마 안 돼서 높은 배당을 준 것은 아닌지 쭉 지켜보았다. 초고배당률에 혹하여 TSLY도 몇 주 매수해 보았다가 급격한 폭락으로 손해를 보기도 했다. 소액으로 투자하며 시행착오를 겪었고, 이후 본격적으로 투자를 시작하여 약 7,000만 원을 투자하였다.

[그림 33]은 금융 플랫폼 앱으로 유명한 '더 리치' 화면을 캡처한 것으로 2024년 7월 나의 실제 투자 포트폴리오다. 투자하는 동안 포트폴리오를 조금씩 조정해 와서 100% 정확한 금액은 아니며, [그림 34] '예상 배당금' 그래프의 8~12월 배당금은 7월까지 지급된 배당률을 기초로 예상되는 배당금을 추정한 것이니 오해 없기를 바란다.

투자 종목은 NVDY(28.1%), JEPQ(26.5%), QYLD(20.7%), JEPI(17.1%), CONY(7.4%)로 5개 종목만 운영 중이다.

6월 말까지 플러스 수익을 보이던 나의 증권계좌가 7월에는

그림 33. 2024년 7월 나의 실제 투자 포트폴리오

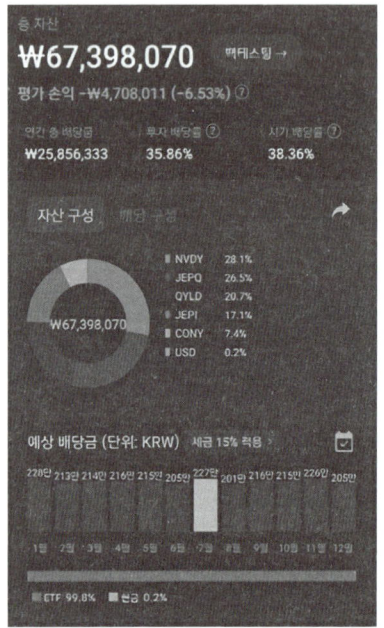

출처: 더 리치(The Rich)

주가(평가손익)가 -6.53%로 바뀌었지만, 높은 배당금은 꾸준히 계속 지급받고 있다. 투자 배당률(투자 금액 대비 받게 될 배당금 비율)이 35.86%, 시가배당률(주가 대비 1년간 받게 될 배당금 비율)은 38.36%다. 앞서 계속 언급했지만, 나의 투자 목적은 시세차익이 아닌 매월 받는 배당금이다. 단기간에 매도할 생각이 없기 때문에 주식(ETF) 가격이 오르든지 내리든지 상관이 없다. 배당금만 받으면 그만이다.

그림 34. 예상 배당금 그래프

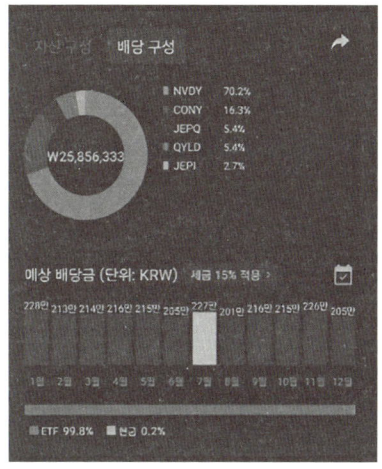

출처: 더 리치(The Rich)

'예상 배당금' 그래프(그림 34)에서 보듯이 매월 배당 금액이 변동되기는 하나 평균적으로 세후 월 215만 원이 나의 계좌로 입금되고 있다. 이 배당금의 종목별 비중은 NVDY 70.2%, CONY 16.3%, JEPQ 5.4%, QYLD 5.4%, JEPI 2.7% 순이다. 리스크가 높은 NVDY, CONY에서 배당금의 86% 정도가 나오고 있는 것이다.

고위험 포트폴리오지만 앞서 여러 번 언급했듯이 은퇴 후 당장 월급만큼의 현금흐름이 필요하기 때문에 조금 무리를 해서 배당률을 최대한 끌어올린 것이다.

나는 이렇게 리스크가 큰 초고배당 포트폴리오를 현재 유지하고 있지만, 여러분은 배당률 10~15% 수준으로 유지했으면 좋겠다. 배당률이 높아질수록 리스크는 커지기 때문에 절대 무리하지 말기 바란다.

나는 30% 이상으로 배당률을 운영하면서 남들은 하지 말라니, 이기적이라고 생각될 수 있겠지만, 명심하자! 아무도 당신의 돈을 지켜주지 못한다. 당신 스스로 지켜야 한다.

내 아내 증권계좌에도 약 1,000만 원이 비슷한 포트폴리오로 구성되어 있으며, 아직은 퇴사 전이라 월급이 들어오고 있어 총 8,000만 원 정도만 투자 중이다. 하지만 몇 달 후 퇴사하게 되면 월급이 끊기기 때문에 퇴사 이후 바로 7,000만 원을 더 투자하여 총 1억 5,000만 원의 자산을 만들 예정이다. 그러면 대략 매월 480만 원의 현금흐름이 만들어질 것이다.

만약 투자금을 총 3억 원으로 만들면 월 960만 원도 가능하겠지만, 투자금이 커지는 만큼 리스크도 커지기 때문에 위험 헤지 차원에서 투자금을 최대 1억 5,000만 원으로 유지하려고 한다. 언제 미국 주식(ETF)시장이 폭락할지 모른다. 물론 배당금은 계속 지급되겠지만 배당금 삭감으로 월배당금이 확 줄어들 수 있기 때문이다.

앞으로 여유가 되면 점차 투자금을 더 늘리고, 배당률은 낮춰서 리스크 밸런스를 맞출 계획이다.

03

미국 월배당 ETF 투자 시 유용한 사이트

　미국 ETF 정보는 스마트폰에서 네이버로 검색하여 바로 확인할 수 있다. 투자자들이 가장 관심 있는 배당금 내역, 배당률 등 배당 관련 정보는 시킹알파 사이트가 보기 편리하다.

　그 외에 디비던드닷컴, ETF닷컴, 야후파이낸스 등을 참고하면 된다.

네이버 증권: ETF 현재가 확인, 종목 정보 등 검색

네이버에서 'JEPI ETF'로 검색하면 다음 화면(그림 35)과 같이 최근 수익률, 포트폴리오, 일별 시세 등 해당 ETF에 대한 정보를 쉽게 확인할 수 있다.

그림 35. 네이버 ⇨ JEPI ETF 검색

포트폴리오 ⓘ				일별 시세			
국가별 비중	자산별 비중		통화별 비중	날짜	종가	전일대비	등락률
미국 77% / 아일랜드네덜란드 4% / 1%	주식 85% / 기타 13% / 채권 0.3%		미국 달러 86%	06.14	56.20	▼0.11	-0.20%
				06.13	56.31	▼0.10	-0.18%
				06.12	56.41	▼0.09	-0.16%

보유종목 비중

1	S&P 500 INDEX ELN	13.65%
2	TRANE TECHNOLOGIES PLC	1.69%
3	PROGRESSIVE CORP	1.66%
4	MICROSOFT CORP	1.65%
5	AMAZON.COM INC	1.59%
6	SOUTHERN CO	1.52%
7	META PLATFORMS INC	1.51%
8	MASTERCARD INC	1.5%
9	ALPHABET INC CLASS A	1.48%
10	VERTEX PHARMACEUTICALS INC	1.44%

날짜	종가	전일대비	등락률
06.11	56.50	▼0.13	-0.23%
06.10	56.63	▲0.11	+0.19%
06.07	56.52	▼0.06	-0.11%
06.06	56.58	▲0.06	+0.11%
06.05	56.52	▲0.19	+0.34%
06.04	56.33	▲0.13	+0.23%
06.03	56.20	▼0.27	-0.48%

출처: 네이버 증권

시킹알파(Seekingalpha.com): 배당금 내역, 배당률 등 확인

시킹알파는 미국 개인 투자자들이 많이 이용하는 웹사이트다. 자세한 정보는 유료로 제공되는데, 무료 서비스만 이용해도 투자하는 데 전혀 지장이 없다. 네이버 검색창에서 '시킹알파'를 검색하거나 브라우저 URL 입력란에 www.seekingalpha.com을 직접 입력하여 접속하면 된다.

그림 36. 시킹알파 메인화면

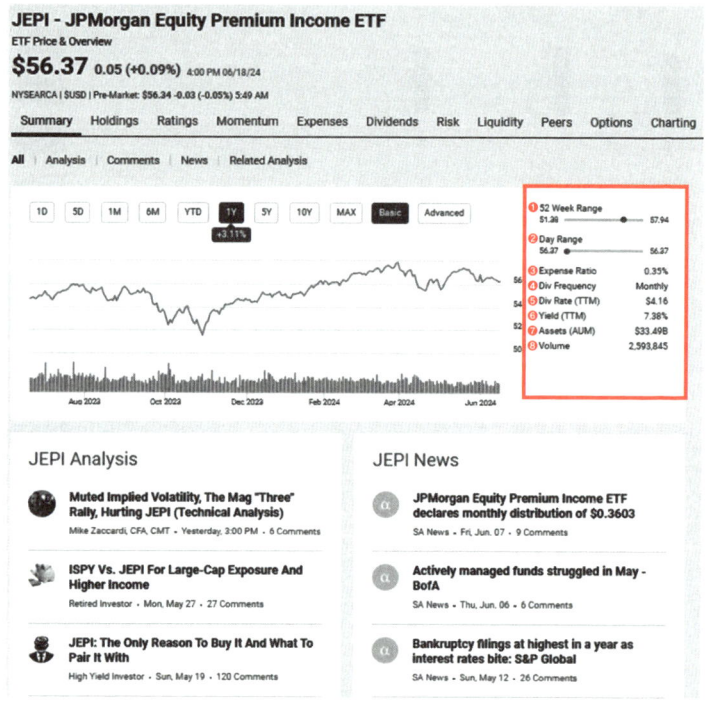

❶ 52 Week Range: 52주간 주가 변동 범위

❷ Day Range: 일간 주가 변동 범위

❸ Expense Ratio: 운용보수

❹ Div Frequency: 배당금 지급 빈도

❺ Div Rate(TTM): 최근 1년 (1주당) 배당금

❻ Yield(TTM): 최근 1년 배당률

❼ Assets(AUM): 운용자산

❽ Volume: 거래량

그림 37. 배당금 정보

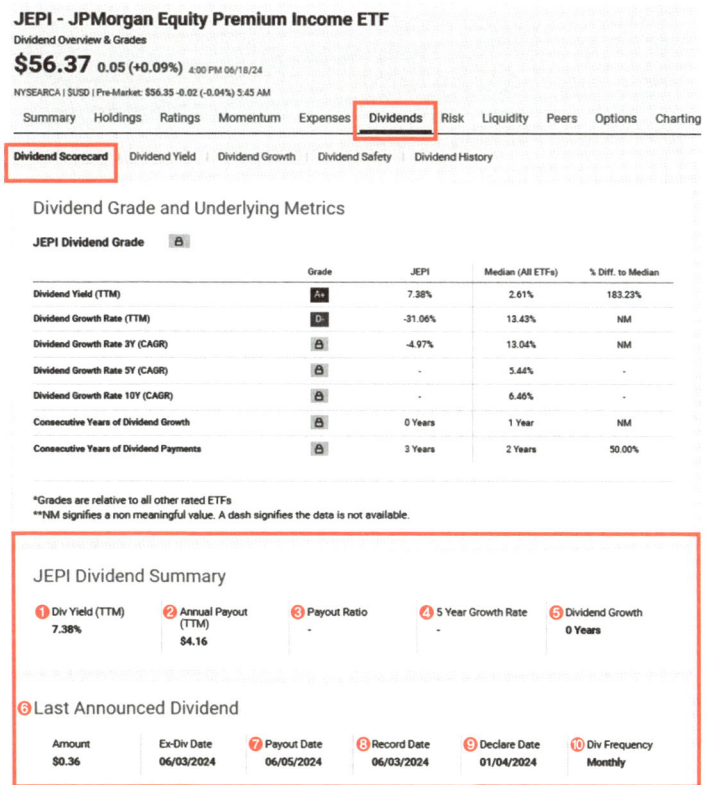

❶ Div Yield(TTM): 최근 1년 배당률

❷ Annual Payout(TTM): 최근 1년 (1주당) 배당금

❸ Payout Ratio: 배당성향

❹ 5 Year Growth Rate: 5년간 배당성장률

❺ Dividend Growth: 배당성장률

❻ Last Announced Dividend: 마지막으로 공시된 배당

❼ Payout Date: 배당지급일

❽ Record Date: 배당기준일

❾ Declare Date: 배당 발표일

❿ Div Frequency: 배당금 지급 빈도

배당금 정보는 'Dividends(배당금)' 메뉴를 클릭 후 'Dividend Scorecard(배당평가표)'를 클릭하면 배당수익률, 최근 지급된 1주당 배당금(Amount), 배당락일(Ex-Div Date) 등을 확인할 수 있다(그림 37).

최근 지급된 배당금, 배당락일 등을 알고 싶으면 메뉴 'Dividends(배당금) ➪ Dividend History(배당기록)'를 클릭하면 확인할 수 있다(그림 38).

그림 38. 배당금, 배당락일

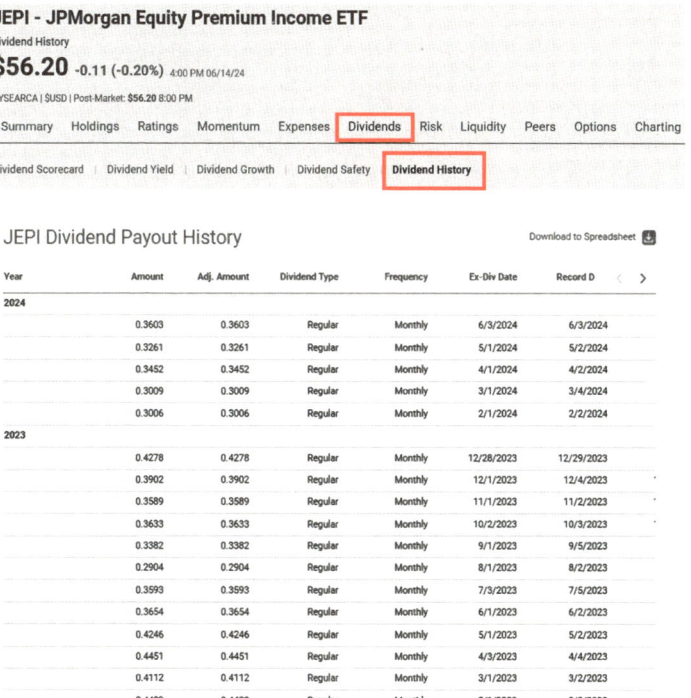

5장

성공 투자 전략

01
시작이
곧 성공이다

시작이 반이라고? 아니, 전부다!

아무리 굳은 결심을 하고 목표를 세우고, 꿈을 꿔도 실행하지 않으면 아무 소용이 없다. 그런데 실행한다는 것이 참으로 어려운 일이긴 하다. 평소에 하지 않았던 행동을 해야 하는데, 사람이 변화를 받아들이고, 그 변화를 실행할 때는 스트레스를 많이 받게 된다. 왜냐하면 환경과 행동이 변하기 때문이다.

시작하기도 전에 이것저것 재다가 기회를 놓치고, 그렇게 포기해 버리는 사람들이 많다. 당장 많은 것을 실행하려고 하지 말고, 작고 쉬운 것부터 차근차근 시작하자.

1919년도에 임시정부가 만든 독립선언서에 이런 말이 있다.

"시작이 곧 성공이다. 다만 저 앞의 밝은 빛을 향하여 힘차게 나아갈 뿐이다."

100년 전에 "시작이 곧 성공이다"라는 멋진 말을 했었다니, 놀라울 뿐이다.

현재의 삶에서 벗어나서 꿈을 이루고 싶은가?

바로 투자를 시작하라! 시작이 곧 성공이다.

실행해야 한다

과거 미국에서 큰 부자가 된 아버지 친구분이 하신 말씀이 떠오른다. 미국에서 내가 유학할 당시 아메리칸 드림을 이룬 아버지 친구분을 만나서 이렇게 간단하게 물었다.

"성공하려면 어떻게 해야 하나요?"

돌아오는 대답도 간단했다.

"모든 것은 책 속에 있단다."

그렇다. 성공하는 방법, 부자가 되는 길은 이미 그것을 이룬 사람들이 책 속에 모두 써놓았다. 그러나 사람들은 책에서 이야기하는 대로 실행하지 않는다. 그래서 그들처럼 성공할 수 없는 것이다. 실행이 그만큼 중요하다.

한 번은 내가 하루 종일 집에서 재테크 관련 책을 보았는데, 그 모습을 보신 아버지께서 "책만 본다고 부자가 되냐? 그럼 책 읽은 사람들은 모두 부자 됐게?"라고 하셨다. 그때 나는 바로 대꾸하지 않았지만 이렇게 생각했다.

'책을 많이 읽어도 성공하지 못하는 사람은 책을 읽기만 하고, 그것을 실행하지 않은 사람이라고…'

지식만 계속 축적하기만 하면 안 된다. 그것을 실제로 실행으로 옮겨봐야 한다. 바로 써먹어 봐야 한다.

현재 부자인 사람들도 그들이 자수성가하지 않았더라도, 그 위의 조상 누군가가 과감하게 사업을 했거나, 투자를 실행했기 때문이다. 내가 부자가 되기 위한 노력을 하지 않는다면, 내 자식이나 후손은 계속 돈의 노예가 될 수밖에 없다.

◆ 은퇴 일기 ◆

나는 용기 있게 도전하는 퍼스트 펭귄이 되겠다

퍼스트 펭귄(The first penguin)

남극에 사는 펭귄은 먹잇감을 구하기 위해서는 바다에 뛰어들어야 하지만 바닷속에는 상어, 바다표범 같은 무서운 천적들이 도사리고 있다.

바다는 먹잇감을 찾을 수 있는 기회의 장소이자, 죽을 수도 있는 공포의 장소이기 때문에 펭귄무리는 바다 앞에서 머뭇거리는데, 그중 한 마리가 용기를 내어 바닷속으로 뛰어든다. 그러면 나머지 펭귄들도 뒤따라 뛰어든다. 이처럼 처음 뛰어든 펭귄이 위험한 상황에서 용기를 내 먼저 도전함으로써 다른 이들의 참여를 유발하는 데서 착안해 '퍼스트 펭귄'이라는 용어가 만들어졌다. '선구자'를 뜻하는 관용어로도 사용된다.

무엇이든 처음이 두렵다

 자동차 운전, 첫 데이트, 면접 등 항상 처음이 두렵고 어려울 뿐이지, 막상 시도해 보면 생각보다 별거 아니다.
 투자도 마찬가지다. 2~3년 전부터 소수 투자자가 미국 월배당 ETF에 관심을 가질 때, 다수의 사람은 "너무 위험한 투자 상품이다", "그 높은 배당률이 어떻게 나오냐? 분명히 큰 리스크가 있을 것이다"라며 의심하고 주저했다. 사람은 1억 원을 버는 기쁨보다는 100만 원을 잃는 두려움이 더 크다.

 영화 〈쇼생크 탈출〉에서 모건 프리먼이 한 대사가 있다.
 "여기 철책은 아주 웃겨. 처음엔 죽도록 싫다가 차츰 적응하게 되지. 그러다가 곧 익숙해져. 그게 바로 길들여지는 거야."

 영혼 없이 월급이라는 마약을 맞으며 좀비처럼 살 것이냐, 죽을 때 후회 없도록 하고 싶은 일을 조금이라도 하면서 살 것이냐.
 모두 본인의 선택에 달려 있다.

02
결코
흔들리지 마라

100% 확신이 있으면 누가 뭐라 해도 흔들리지 않는다

요즘 세상에 웬 예언자가 이리 많을까? 주식 혹은 부동산 가격이 오른다 내린다, 또는 오르지도 내리지도 않는다고 예측하는 전문가들….

자산가격의 변동에 일희일비하지 마라.

어차피 모든 투자는 장기전이다.

조금의 성취감이라도 맛봐야 계속 전진하게 된다

투자든 운동이든 재미가 있어야 그것을 계속하게 된다. 투자에 있어서 재미는 투자 수익, 즉 돈 버는 재미다. 장기 투자를 하는데 주식가격은 계속 요동치고, 부동산 가격은 상승해도 실제 손에 쥐는 게 보이지 않으면 재미가 없기 마련이다. 주식은 배당금, 부동산은 임대료가 계속해서 나온다면 매월 돈 버는 재미가 쏠쏠하다.

매월 배당이 지급되는 월배당 ETF는 눈에 보이는 성과를 매월 보여주기 때문에 장기 투자를 가능하게 해준다. 가령 배당수익률이 연 12%인 ETF에 1억 원을 투자하여 매월 100만 원(세전)을 받고 있는 투자자라면 월배당금을 200만 원, 300만 원으로 늘리기 위해 계속 목돈을 모을 것이고, 투자 공부도 게을리하지 않을 것이다.

03

투자 공부는 어떻게 해야 할까?

아는 만큼 보이고, 들린다

'운칠기삼'도 준비가 되어 있는 사람에게 해당하는 말이다.

어떤 투자 상품에 관심이 있으면 평소에 그것에 관한 책, 강연, 유튜브 등을 통해 꾸준히 공부해야 한다. 그래야 투자할 최적의 시간이 다가올 때 망설임 없이 투자할 수 있다.

그 운도 일단 그 장소에 있어야 하고, 기다려야 한다. 도시에서 상어를 낚으려고 하면 가능성은 제로가 된다. 바다로 나가 배 위에 있어야 한다.

자신에게 맞는 공부법이면 된다

내 경우에는 블로그를 통해 미국 월배당 ETF에 대해 처음 알게 되었고, 그 이후 관련 도서, 유튜브, 경제신문 등을 통해 공부하기 시작했다. 블로그를 검색하면 양질의 글들이 많으며, 재야 고수들의 글도 많이 볼 수 있다.

블로그, 인스타, 유튜브 등 SNS를 보면 미라클 모닝을 해야 한다며 팀을 구성하여 공부하는 경우도 있다. 하지만 나처럼 어떤 단체에 얽매이기 싫어하고, 새벽같이 일찍 일어나는 것에 거부감이 있는 사람들은 본인의 페이스에 맞게 공부하면 된다. 굳이 그들을 흉내 내다가 그들처럼 못한다고 스트레스받고 기분이 다운될 필요 없다.

본인이 좋아하는 것을 하면 스스로 일찍 일어나게 마련이다. 마치 다음 날 해외여행을 간다고 하면, 아침에 눈이 저절로 떠지는 것과 같다.

거시경제는 알아야 한다

개별 주식에 투자한다면 PER, PBR, 이동평균선, 차트, 재무제표 등도 공부해야 하고 확인해야 할 것들이 너무나 많다. 그리고 깊이 공부할수록 어렵기만 하다.

하루 8시간 이상 일해야 하는 직장인으로서, 퇴사 후 인생을 즐기고 싶은 은퇴자로서 주식 공부에 시간을 많이 할애하기 어렵고 하기도 싫은 게 사실이다. 직장인은 주말에 가족과 시간을 보내고 싶고, 은퇴자는 아무것도 신경 쓰지 않고 여행을 다니고 골프 치며 유유자적하고 싶다.

그러나 ETF에 투자하면 이러한 시간과 에너지 소모를 안 해도 된다. 단지, 전체적인 세계 경제의 흐름만 예의 주시하면 된다. 경제신문을 통해 미국이 금리인하를 언제쯤 하게 될 것인지, 중동에 전쟁 가능성이 얼마나 있어 보이는지, 유가는 상승 중인지 등을 알면 된다.

결국 투자 철학, 시나리오는 자신이 만들어 가는 것이다

주변 지인이 주식이나 부동산을 통해 돈을 벌었다고 하면 대부분의 사람들은 어떤 주식, 부동산을 샀는지 물어보고 그대로 따라 하려고만 한다. 하지만 각자가 처한 상황과 경제력은 모두 다르기 때문에, 남이 수익을 냈다고 나도 반드시 수익을 낸다는 보장은 없다.

내 친구 중에는 나에게 투자금을 줄 테니, 주식이나 코인을 대신 매수해서 운용해 달라고 한다. 내가 그에게 본인이 직접 공부해서 투자하라고 해도 말을 듣지 않는다. 투자 공부할 시간도 없고, 주식 앱을 설치하고 매매하는 법을 배우는 것도 귀찮다는 것이다.

기가 막힐 노릇이다. 최소한의 노력도 하지 않고 부자가 되겠다는 사람들의 마음을 이해할 수가 없다. 다른 사람에게 돈을 맡겨서 운영해 달라는 것은 조금 과장하면, 나의 목숨을 맡기는 것이나 다름없다.

투자에 성공하기 위해서는 자신만의 투자 시나리오를 설계해야 한다. 이 시나리오는 끊임없이 공부하고 투자를 실행해 보면서 만들어지는 것이다.

◆ 투자 일기 ◆

유튜브보다는
책과 강의가 도움이 된다

유튜브는 책에 비해 깊이 생각하는 순간이 없고, 오히려 검증되지 않는 잡다한 정보로 혼란스러울 수 있기 때문에 책을 읽는 것이 더 효과적이다. 독서를 일주일 이상 멈추면 열정이 금방 식고 목표 상실로 이어질 수 있으니, 계속해서 책을 읽는 것이 좋다. 그리고 때때로 투자 관련 강의를 듣는 것이 좋다.

한때 신사임당, 자청 등 유튜브 인플루언서의 영향으로 자기계발 붐이 일어났다. 그래서 많은 사람이 유튜브를 구독하고 시청하면서 돈방석에 앉은 유튜버들이 탄생하게 되었고, 이들은 곧 신흥부자가 되었다.

나의 친한 지인은 투자, 자기계발 관련 유튜브를 열심히 시청하는데도 본인 인생은 그대로라고 하소연한다. 유튜브를 시청하면 본인도 할 수 있다는 자신감이 샘솟고, 열정이 끓어 오르지만 오늘이 지나면 아무 일도 없었다는 듯이 회사에 출근하고 똑같은 일상을 반복한다.

이유가 뭘까? 절실한 계기가 없기 때문이다. 지금 당장은 편하기 때문이다. 변화하는 것은 인간에게 큰 고통이다. 실직이나 파산 등 절박한 요인이 없으면 인간은 움직이지 않는다. 변화하지 않는다.

그래도 사람들이 유튜브를 계속 보는 이유는 책보다는 보기 편하기 때문이다. 인간은 천성적으로 게을러서 밥도 떠먹여 주기를 원한다. 책을 읽는 것도 몰입해서 봐야 하므로 상당한 에너지를 요한다. 반면, 유튜브는 그냥 시각적, 청각적으로 수동적이면 되기 때문이다. 유튜브를 틀어놓고 딴 일을 해도 되지만 독서는 다른 일을 동시에 하면서 할 수 없다. 그렇기에 집중하고 몰입할 수 있는 독서를 계속할 필요가 있다.

04

성공적인 투자법

적립식보다는 거치식

투자수익을 높이려면 어떻게 해야 할까?

'수익금=투자금×수익률'이다. 수익률이 아무리 높더라도 투자한 금액이 적으면 수익금은 미미할 뿐이다. 예를 들어, 수익률이 10%라도 투자 금액이 1,000만 원이면 수익금은 100만 원에 불과하다. 반면에 투자 금액이 1억 원이라면 수익률이 5%라도 수익금은 500만 원으로 커진다.

월배당 ETF도 마찬가지다. 거치식으로 연 배당률이 12%인 ETF에 한 번에 1억 원을 투자한다면 연 1,200만 원, 매월 100

만 원의 배당금(세전)을 정기적으로 받을 수 있다. 그러나 적립식으로 매월 1,000만 원을 투자한다면 매월 받는 금액은 훨씬 적을 수밖에 없다.

물론 1억 원을 한 번에 투자하는 것은 쉽지 않은 선택이다. 투자 금액이 커질수록 투자자가 느끼는 리스크와 압박감도 커지기 때문이다. 하지만 개별 주식에 투자한다면 투자에 부담이 되겠지만, 그보다 변동성이 작은 ETF에 투자한다면 이야기가 달라진다. 큰 투자 금액이라도 말이다. 마치 주식에 10억 원을 투자하기는 어렵지만, 서울 아파트에 10억 원을 투자하는 것은 어렵지 않다. 그만큼 변동성이 상대적으로 작기 때문이다.

다수의 배당주 투자 책에서는 복리 효과를 내세우며 적립식 투자를 주장하지만, 장기 투자로 느리게 배당금이 늘어나는 것을 원하는 한국인은 많지 않다.

성격 급한 한국인에게 적립식 투자는 무용지물

나처럼 성격이 급한 투자자들은 커피 자판기에 동전을 넣고 커피가 다 나오기 전에 배출구에 손을 넣으며, 식당에서 음식 주문 후 5분만 지나도 왜 음식이 안 나오냐고 재촉하는 편이다.

적립식으로 장기 투자하면 10년 후에는 복리 효과로 자산 규모가 커질 것이라고 전문가들은 목청을 높여 외친다. 하지만 그것을 기다리고 기대하는 한국인들은 많지 않을 것이다. 10년이라는 긴 시간 동안 실제로 복리 효과를 피부로 체감하기란 쉽지 않으며, 적립식 투자는 거치식 투자에 비해 수익률이 크게 떨어진다. 그렇다고 안정성이 크게 높은 것도 아니다.

다만, 미성년자의 경우는 앞으로 살아갈 날들이 많이 남아 있고, 거치식으로 투자할 돈이 적을 수밖에 없으니 적립식 투자가 좋은 방법이다. 미성년자는 복리 효과를 누릴 많은 시간을 갖고 있다. 그러나 성인의 경우에는 종잣돈을 빨리 모으고 목돈을 마련해서 거치식으로 투자하는 것을 추천한다.

시세차익보다는 꾸준한 현금흐름을 목표로!

월배당 ETF도 가격이 올라서 매도하면 시세차익을 올릴 수 있다. 하지만 테슬라, 엔비디아 같은 성장주처럼 높은 시세차익을 기대하기는 힘들다.

나처럼 당장의 현금흐름이 필요한 은퇴자는 매월 꾸준히 통장에 입금되는 배당금이 최우선 순위이므로, 주식가격이 크게 하락하지 않는 것만 해도 성공이다. 꾸준히 지급되어 온 높은 배당금은 설사 주가가 하락해도 그 하락분을 충분히 상쇄한다. 게다가 주식(ETF)을 매도하지 않으면 실제 손실을 본 것도 아니다. ETF 가격이 오르건 내리건 우리는 배당금만 매월 받으면 된다.

그림 39. 주가 변동 그래프

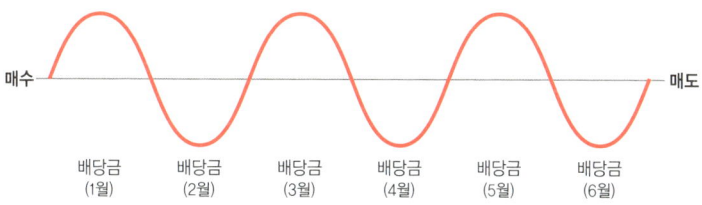

예를 들어 [그림 39]의 주가 변동 그래프처럼 1월 초에 A라는 주식을 100달러 매수했다고 해보자. 100달러인 주가는 1월에 150달러로 올랐다가 2월에는 50달러로 하락하고, 계속 오르고 내림을 반복한다. 결국 6월 말에는 100달러로 매수할 때와 동일하다.

만약, A 주식이 배당을 주지 않는 테슬라라고 한다면 6개월 후 내가 벌어들인 돈은 0원이다. 6개월 동안 기회비용만 날렸고, 그 기간 동안 인플레이션은 계속 일어났을 것이다. 그러나 연 12%의 배당금을 지급하는 월배당 ETF라면, 시세차익은 없지만 6개월 동안 매월 1달러의 배당금을 계속해서 받은 것이 된다. 합하면 6달러다.

주식가격이 오르든 내리든 나는 꾸준히 배당금을 받기 때문에 계속 이득을 취하게 된다. 이러한 루틴이 계속되면, 나는 매일 오르락내리락하는 주식시장 동향에 신경 쓰지 않고 일상생활을 영위하면 된다. 스트레스가 덜한 투자라고 할 수 있다.

대출받아 투자하지 마라

"2배 빨리 망하고 싶으면 레버리지를 쓰고, 2배 더 고생하고 싶으면 대출받아서 투자하라"는 말이 있다.

한때, 미국 금융위기 이후 초저금리 시절에 "현금은 쓰레기고, 대출받아서 투자 안 하면 바보"라는 이야기까지 나돌았다. 그러나 미국의 급격한 금리 인상으로 금리가 2배, 3배 오르자 대출을 받은 사람들이나 사업하는 사람들에게서 곡소리가 났다. 분위기가 한순간 180도로 바뀐 것이다. 최대한 대출을 받고 영끌해서 아파트를 구입하고, 주식을 매수한 사람들은 큰 타격을 입었는데, 아직까지 그때의 저금리 시절로 돌아가지 않고 있다.

부동산 투자는 대출을 받아 구입해도 리스크가 작다. 왜냐하면 전세를 끼고 아파트를 구입할 경우 점차 오르는 전세금으로 대출금을 갚을 수 있기 때문이다. 그러나 주식은 대출을 받아 매수하는 것은 리스크가 매우 크다.

부자들이 어렵다는 주식투자에서도 이익을 보는 이유는 대출을 받지 않고 여윳돈으로 투자하기 때문이다. 주식투자금은 자신의 자산에서 매우 미미한 금액이기 때문에 투자에 신경을 덜 쓰고, 그 시간에 생산적이고 좋아하는 일을 한다. 주식투자에 대해서는 잊고 있다가(이것은 자연스럽게 장기 투자가 된다), 어느 순간 주식계좌를 열면 높은 수익률을 발견하게 된다.

그러나 대출을 받아서 투자할 경우 주가가 상승할 때는 괜찮지만, 폭락할 때는 조급해지기 쉽다. 매달 내는 대출 이자도 적은 금액이 아니며, 대출 금리가 상승하게 된다면 더 상황을 어렵게 만든다.

주식투자자들은 대출의 유혹에 노출되기 쉽다. 과거에는 대출을 받으려면 은행 창구에 직접 방문해야 했으나, 요즘에는 스마트폰으로 5분 이내 손쉽게 신용 대출, 보험계약 대출 등을 받을 수 있다. 오늘 내가 투자한 주식이 폭락하면 저가 매수라는 욕심에 대출을 받아서 물타기를 하지만, 바닥이 아닌 지하실을 만나게 된다. 대출을 받다 보면 추가로 계속 받게 되고, 결국 본인이 감당하기 힘들 정도로 빚이 늘어나게 된다.

05
포트폴리오 관리

ETF 매수 후 그냥 보유만 하고 있으면 되는 건가?

이 책 4장에서 배당수익률, 나이, 본인의 상황에 따른 포트폴리오를 만들어 보았는데, 한번 포트폴리오를 구축하고 나면 변경할 필요는 없을까?

제일 좋은 시나리오는 한번 세팅된 투자 포트폴리오를 5년이나 10년 동안 장기적으로 끌고 가는 것이지만, 세상일은 어떻게 돌아갈지 알 수 없다. 세계 경제 상황도 마찬가지다. 미국 경기가 침체될 수 있고, 갑자기 중동전쟁이 발발하거나 코로나19 같은 전염병이 다시 출몰할지 모른다.

한마디로 미래는 예측이 불가능하다. 그래서 투자가 어려운 것이다. 소위 말하는 미국 아이비리그를 졸업하고 월스트리트에서 일하는 전문가들도 경제 전망은 자주 틀린다. 미래를 아는 것은 오직 신뿐이다.

포트폴리오 리밸런싱이란?

투자 전문가들은 포트폴리오 리밸런싱을 강조하는데, 리밸런싱은 영어로 Rebalancing, '다시 균형을 맞춘다'로 해석된다. 투자할 때 본인이 처음 세워둔 ETF 종목 비중에 맞게 조정한다는 의미이다.

예를 들어, [표 35]와 같이 최초 설계한 ETF 투자 비중이 JEPI 50%, JEPQ 50%이었다. 그런데 1년이 지나서 JEPI 40%, JEPQ 60%가 되었다면, JEPQ 상승분을 매도하고 그 상승분만큼 JEPI를 추가 매수하여 투자 비중을 다시 50 대 50으로 맞추는 것이다. 이를 통해 상승한 JEPQ에서 일부 수익 실현이 가능하며, 상대적으로 덜 오른 JEPI를 저점 가격에서 추가 매수할 수 있는 효과를 얻게 된다.

표 35. 리밸런싱

종목	최초 비중	투자 후 1년			리밸런싱		
		원금 (원)	평가금액 (원)	비중	비중조절	평가금액 (원)	비중
JEPI	50%	1,000만	880만	40%	+10% (+220만 원)	1,100만	50%
JEPQ	50%	1,000만	1,320만	60%	−10% (−220만 원)	1,100만	50%
합계		2,000만	2,200만	100%	−	2,200만	100%

투자 비중이 한 종목에만 쏠리지 않도록 비중을 50%로 계속 유지하는 것이다. 한 종목의 비중이 60%, 70%로 계속 커지면 리스크도 자연히 증가하기 때문이다.

이와 같이 포트폴리오상에 특정 종목이 최초 투자 비중에서 벗어날 때 리밸런싱하는 것도 필요하지만, 때로는 세계 경제 환경에 따라 포트폴리오를 재조정하는 것도 중요하다.

나의 경우, 2024년 초부터 인공지능(AI) 반도체 열풍으로 나스닥 지수가 크게 상승하고, 나스닥 100 지수를 추종하는 JEPQ의 포트폴리오 비중이 커지자, JEPQ를 일부 매도하고 상대적으로 가격이 덜 오른 JEPI의 비중을 늘렸다. 그리고 미국의 금리 인하(채권가격 상승)를 예상하고 채권 ETF(TLT, TLTW)를 매수했다. 그러나 금리인하 지연으로 배당률과 주가가 하락 추세를 보이자 몇 달 후 바로 매도하였다.

이러한 포트폴리오 리밸런싱은 6개월에 한 번 또는 1년에 한 번 정도하면 족하다. 너무 잦은 리밸런싱은 매매 비용과 양도세 같은 세금 등 추가 비용 부담을 증가시킬 수 있기 때문이다. 하지만 갑작스러운 경기침체, 코로나19 같은 큰 위기가 찾아오면 그때 상황에 맞게 수시 리밸런싱이 필요할 수 있다.

모든 자산운용사에서 ETF 상품을 운용할 때 리밸런싱을 진행한다. ETF 상품 내 특정 종목이 차지하는 비중이 너무 높으면 투자자들에게 리스크를 전가할 수 있기 때문이다.

06

세금/절세

미리 세금부터 걱정하지 말자

 수익이 발생해야 세금도 부과되는 것이다. 아파트 양도세처럼 주식도 마찬가지다. 매도 시 양도세 때문에 아파트 투자를 망설이는 사람들이 많은데, 양도세도 이익이 났으니까 그 이익 중 일부를 세금으로 내는 것이다. 이익이 나지 않았으면 당연히 양도세도 없다.

 예를 들어, 강남 20억 원짜리 아파트가 5년 후 30억 원이 되어 10억 원의 차익을 얻었고, 그 10억 원 중 2억~3억 원을 세금으로 낸다고 해도 7억~8억 원의 이익을 얻은 것이다.

직장인들도 약 15~30%까지 매년 근로소득세를 내고 있는데, 월급에서 미리 원천징수를 하기 때문에 피부로 와닿지 않을 뿐이다. 근로소득세 내기 아까워서 취직을 안 하고 월급을 안 받는 사람은 없을 것이다.

제발, 투자하기도 전에 세금 걱정부터 하지 말자!

미국 ETF에 투자할 때 부과되는 세금은 배당소득세와 양도소득세가 있다.

표 36. 배당소득세와 양도소득세

	배당소득세	양도소득세
세율	15%	22%
공제 금액	–	250만 원
금융소득 종합과세	2,000만 원 초과 시 대상	해당 없음

• 세율 및 과세 대상은 관련 법안에 따라 변경될 수 있음

배당소득세 15% 부과

국내 ETF의 경우, 배당을 받게 되면 종합소득세 14%, 지방소득세 1.4%를 합산해서 15.4%가 세금으로 부과된다. 반면, 미국 ETF는 15%이지만, 배당금이 지급될 때 배당소득세가 자동으로 차감되기 때문에 별도로 신경 쓸 것은 없다.

주의할 점은 수령한 배당금과 다른 금융소득을 합한 금액이 연간 2,000만 원이 넘으면 분리과세가 아닌 종합과세에 합산된다. 이는 국내 ETF의 경우도 마찬가지다. 따라서 근로소득 등 본인의 소득 금액을 잘 고려하여 투자하는 것이 좋다.

하지만 배당소득 금액이 연간 2,000만 원(월 166만 원)까지는 종합소득세에 합산되지 않는다(다른 금융소득이 없는 경우).

예를 들어 내 명의의 계좌로 월 166만 원, 아내 명의의 계좌로 월 166만 원, 합하면 월 332만 원(연 4,000만 원)까지는 종합과세 합산 없이 15%의 배당소득세만 부과된다. 주의할 점은 연간 2,000만 원은 세전 수익이라는 것이다. 증권계좌에 입금된 배당금은 세후 배당금이므로 이를 두고 연간 2,000만 원이 넘지 않는다고 생각할 수 있으니 주의하자.

양도소득세 22% 부과(250만 원까지 면제)

양도소득세는 미국 ETF나 주식을 매도해서 매매 차익이 발생했을 때 부과되는 세금이다. 기준일은 1월 1일~12월 31일로 이 기간 동안 매도를 통해 실현한 매매 차익의 22%를 세금으로 내야 한다. 정확히는 20%의 양도소득세에 2%의 지방소득세가 합해서 만들어진 세율이다. 22%라면 매우 높은 세율이라고 할 수 있지만, 매매 차익의 250만 원까지는 세금 면제이고, 250만 원 초과분에 대해 세금을 부과한다. 또한 연간 수익과 손실을 합산해서 계산하는 것도 투자자에게 유리한 점이다.

예를 들어, 2023년 1월 1일~12월 31일까지 매매 수익이 500만 원, 손실이 200만 원이었다. 양도세 부과 기준은 순수익인 300만 원에 대해 세금을 부과하며, 250만 원까지는 세금 공제되므로, 최종적으로 50만 원에 대해 양도세 22%를 부과한다.

500만 원(매매 차익)−200만 원(매매 손실)−250만 원(기본공제)=50만 원
⇨ 50만 원×22%=11만 원(양도소득세)

양도세는 원천징수가 아니라 자진신고제로 다음 연도 5월에 직접 신고해야 하는데, 국세청 홈페이지에서 신고가 가능하다.

증권사에서도 양도소득세 신고 대행 서비스를 해주고 있으므로 납부에 대한 어려움은 없다. 하지만 기간 내에 신고하지 않을 경우 무신고가산세가 부과될 수 있으니 주의해야 한다. 증권사 홈페이지에는 세금을 계산하는 프로그램이 있는데, 이를 통해 얼마를 납부해야 하는지 확인할 수 있다.

또한 양도소득세는 매매일이 아니라 결제일을 기준으로 한다. 예를 들어 12월 31일에 매매하면 결제가 2영업일 뒤에 이루어지므로 이 매매 건은 다음 연도에 반영이 된다.

미국, 일본, 영국 등 주요 국가는 주식에 양도소득세를 과세하고 있지만, 한국의 경우 부과하지 않아 형평성 논란이 제기되어 왔다. 한국도 주식에 양도소득세를 부과하는 '금융투자소득세'를 조만간 시행할 예정인데, 그렇게 되면 투자자들이 국내 주식시장을 떠나 미국 증시로 이동하는 현상이 심해질 것으로 보인다.

팔지 않고 장기 보유하면 양도소득세 낼 일도 없다

한 가지 중요한 사실은 양도세란 말 그대로 매도할 경우에 세금이 부과되는 것이다. 계속 강조했지만, 우리의 목표는 매월 정기적으로 입금되는 배당금(현금흐름)이다. 정기적으로 배당금을 받고 있는데, 굳이 ETF를 매도할 필요가 없다. 물론 포트폴리오 리밸런싱 차원에서 일부 수량을 매도할 수 있지만, 연 250만 원 수익 내에서 매도하면 내야 할 세금은 없다.

  다시 말하지만 ETF를 팔지 않고 장기적으로 보유하겠다고 생각하면 된다. 그러면 양도세를 낼 일도 없고, 세금에 대해 걱정할 필요도 없다.

6장

실전 투자
그대로 따라 하기

01

주식계좌 개설하기

　미국 월배당 ETF도 국내 주식처럼 주식계좌를 통해 매매가 이루어지는데, ETF 투자를 위한 별도의 계좌가 있는 것은 아니다. 이미 증권계좌를 보유하고 있다면 기존 계좌를 이용해서 거래하면 되고, 없다면 신규 계좌를 개설하면 된다.

　요즘은 디지털 시대답게 신분증과 본인 명의의 핸드폰만 있으면, 증권사 방문 없이 비대면으로 계좌 개설이 가능하다.

　주식계좌 개설과 주식 거래를 하기 위해서는 증권사 프로그램을 PC 또는 스마트폰에 설치해야 하는데, PC용 프로그램은 HTS(Home Trading System)이고, 스마트폰용 프로그램은

MTS(Mobile Trading System)이다. 많은 거래 기능과 메뉴, 주식 관련 정보는 HTS가 유용하나, 복잡한 기능이 필요 없는 ETF 거래에는 MTS가 적합하다.

과거와 달리 최근에는 PC를 사용할 일이 거의 없는데, 은행 업무, 쇼핑 등 모든 것을 스마트폰으로 하듯이 증권 거래도 스마트폰으로 하는 것이 편리하다. 그래서 이 책에서는 스마트폰에서 이용하는 MTS를 기반으로 설명하겠다.

또 한 가지 선택해야 할 사항은 거래할 증권사인데, 최근 신규 고객 유치를 위해 증권사들이 거래수수료 할인, 첫 고객 대상 달러 증정 등 다양한 이벤트를 제공하므로 자신에게 적합한 증권사를 선택하면 된다.

나는 주로 키움증권과 토스증권을 이용하고 있다. 키움증권은 다양한 메뉴와 기능으로 거래하기 편리하고, 토스증권은 UX/UI 디자인이 우수하여 시각적으로 보기 편하다는 점이 장점이다.

여기서는 키움증권을 예로 들어 설명하겠다.

MTS(증권거래 프로그램) 설치

● **스마트폰 Play스토어**(안드로이드) **또는 앱스토어**(애플)**에서 '영웅문S#'을 검색 후 앱을 설치**

⇨ 국내 주식과 해외 주식을 통합한 '영웅문S#'을 설치하면 미국 주식뿐만 아니라 국내 주식도 거래가 가능하다.

그림 40. 영웅문S#

[안드로이드 - Play스토어]

[아이폰 - 앱스토어]

출처: 키움증권 영웅문S#

비대면 계좌 개설

키움증권 앱이 설치되었으면, 다음 [그림 41]의 절차대로 비대면 계좌를 개설하면 된다. 이때 본인 명의 휴대폰, 신분증(주민등록증 또는 운전면허증)과 입출금 거래를 할 은행 또는 증권 계좌번호를 준비해야 한다.

그림 41. 비대면 계좌 개설 절차

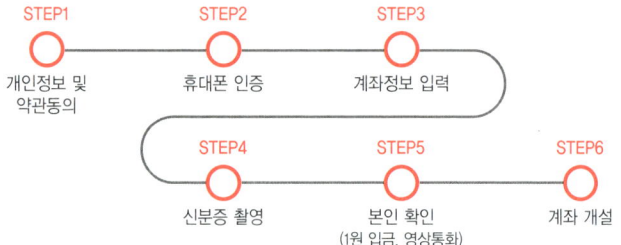

출처: 키움증권 영웅문S#

02
환전하기

　달러로 거래되는 미국 ETF 거래를 위해서는 증권계좌에 있는 원화를 달러로 환전해야 하는 절차가 남아 있는데, 한 번쯤은 공항의 환전소나 은행에서 원화를 달러로 환전해 보았을 것이다. 환전소나 은행은 무료로 환전해 주지 않고, 서비스의 대가로 수수료를 받는다. 많은 증권사에서 환율 우대 서비스를 이벤트로 제공하고 있지만 수수료가 부담스러울 수밖에 없고, 거래할 때마다 환전하는 것도 번거롭다.
　이러한 불편함을 해결해 주는 서비스가 있는데, 바로 '원화 주문 서비스'다.

'원화 주문 서비스' 신청

　원화 주문 서비스란, 본인이 필요한 만큼 원화로 해외 주식(ETF)을 먼저 매수하고, 실제 환전 처리는 익영업일에 이루어지는 서비스이다. 원화 주문(매수) 시 환전 수수료가 무료인 것이 큰 장점이며, 거래가 있을 때마다 일일이 환전할 필요가 없어 매우 편리하다.

　원화 주문 서비스의 주요 내용은 [표 37]과 같다.
　다만 주의할 점은 [표 37]에서 '원화 주문 가능 금액'에서 보듯이 임시로 3% 정도 더 비싼 환율로 가환전이 된다. 그래서 환산비율이 97%가 되는 것이다. 실제 매수 가능 금액은 증권계좌에 있는 원화 금액의 97%이다. 이는 환율의 급변동에 대비하여 3% 정도 여유 금액을 따로 남겨 두는 것이다. 차액은 다음 날 오후 4시에 정산되어 입금된다.

　한 가지 팁!
　환율의 변동이 심하지 않은 평상시에는 이러한 원화 주문 서비스를 편리하게 이용하고, 향후 환율이 급등할 것으로 예상될 때는 미리 일반 환전을 해두어 계좌에 달러를 보관하고 있는 것이 좋다.

표 37. 원화 주문 서비스 주요 내용

구분	내용
대상 계좌	해외 주식 거래 가능 계좌
대상 국가 및 통화	미국(USD)
설정 가능 통화	원화(KRW)
신청 및 해지 가능 시간	24시간(23:30~익일 00:31 제외)
원화 주문 가능 금액	원화 주문 설정 금액/기준환율×환산비율(97%)
자동 환전	*원화 주문 주문일 익영업일에 필요 금액만큼 환전
	*자동 환전 대상 금액은 매수 체결금액에서 거래통화 보유 금액을 제외한 금액
	*자동 환전은 주문일 익일 오전 8시 20분경 처리
	*매수(자동 환전) 시 환전 수수료: 100% 할인한 매매 기준율 적용
	*가환전율로 환전 후 익영업일(국내 기준) 고시되는 정산환율로 재계산하여 차액은 16시에 입출금 처리, 정산 처리 시 원화 예수금이 부족한 경우, 반대매매가 없는 기타 대여금 발생 가능(변제 시까지 연체료 연 0% 부과)

• 기준일: 2024년 9월 1일   출처 : 키움증권 영웅문S#

    원화 주문 서비스를 이용하기 위해서는 해당 메뉴에서 신청해야 이용할 수 있다.

    신청 화면은 다음 [그림 42]와 같다.

그림 42. 메뉴: 영웅문 S# ⇨ 해외주식 ⇨ 주문 ⇨ 원화 주문 서비스
⇨ 원화 주문 신청/해지

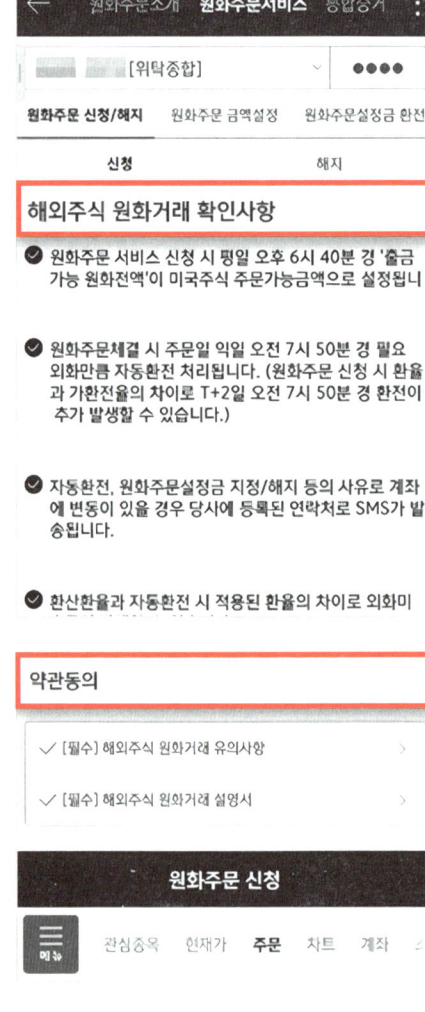

출처: 키움증권 영웅문S#

◆ 투자 일기 ◆

환율 변동에
너무 신경쓰지 마라

    미국 주식(ETF)은 달러로 거래하기 때문에 많은 투자자가 환율 변동에 민감하다. 그러나 환율이 어떻게 변화할지 예측하기 어렵다. 당장 내일 중동전쟁이 발발하거나 코로나19가 다시 유행하면 환율은 급변한다.

    단기적으로 보면 환율 예측은 불가능하지만, 장기적으로는 결국 균형을 찾아가게 마련이다. 따라서 환율 변동에 너무 스트레스받을 필요가 없다.
    환율이 올라가면 나의 미국 주식(ETF) 평가 금액은 늘어나고, 배당 금액도 증가한다. 환율이 떨어지더라도 하락한 주식(ETF)을 싼값에 추가로 매수할 수 있어서 좋다.
    지금은 환율이 높으니, 하락하면 매수하겠다며 때를 기다리는 투자자들이 있는데, 자칫 좋은 투자 타이밍을 놓칠 수 있다.

환율의 변동 폭은 일정 범위 내에서 변동하지만, 주식(ETF)의 상승 폭은 제한이 없다(한국은 일일 주가 변동 폭이 30%로 제한되지만, 미국 주식시장에는 가격 제한 폭이 없다). 소탐대실할 수 있다는 말이다.

03
매수 주문

자신의 주식계좌로 돈을 입금했고, 원화 주문 서비스도 신청했다면 준비는 끝났다. 이제 실제 매수를 해보자.

매수 방법

키움증권 모바일앱(MTS) '영웅문S#'을 통해 미국 주식(ETF)를 매수하는 방법은 다음과 같다. '[전체 메뉴] ⇨ [해외 주식] ⇨ [주문] ⇨ [주식 주문]'의 순서대로 진행한다.

그림 43. [전체 메뉴] ➪ [해외 주식] ➪ [주문] ➪ [주식 주문]

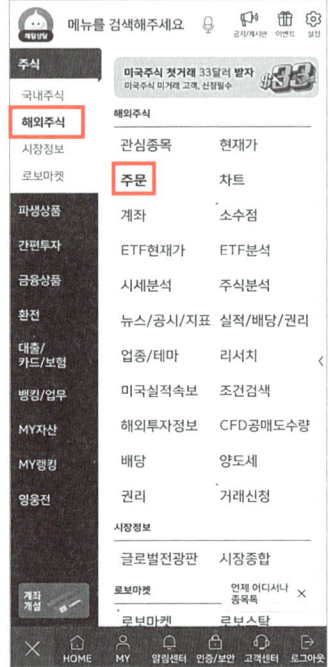 

출처 : 키움증권 영웅문S#

　　주문 전에 종목, 주문 수량, 주문 가격을 다시 확인하고, 매수 주문 확인 버튼을 누른다. 체결되면 카카오톡으로 체결 수량, 체결 단가, 수수료 정보를 받게 된다.

그림 44. 체결 수량, 체결 단가, 수수료 정보

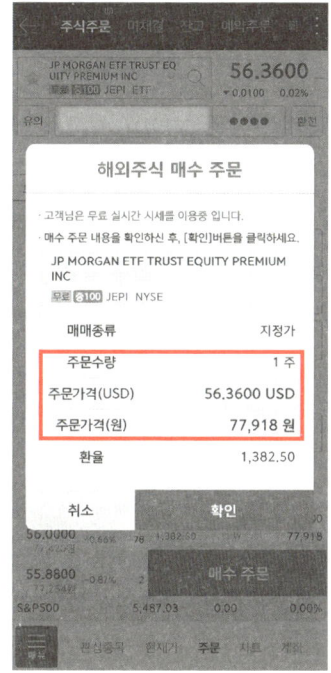 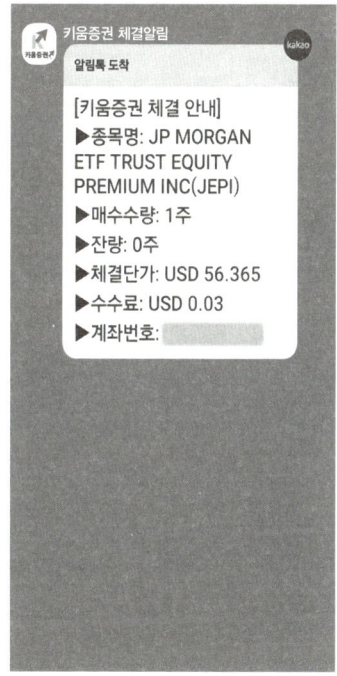

출처 : 키움증권 영웅문S#

내 주식 잔고 확인하기

내가 보유한 종목, 보유 수량, 평가 금액 등은 '[전체 메뉴] ⇨ [해외 주식] ⇨ [계좌] ⇨ [해외 잔고] ⇨ [키움잔고]'에서 자세하게 확인할 수 있다.

그림 45. 보유한 종목, 수량, 평가 금액 확인

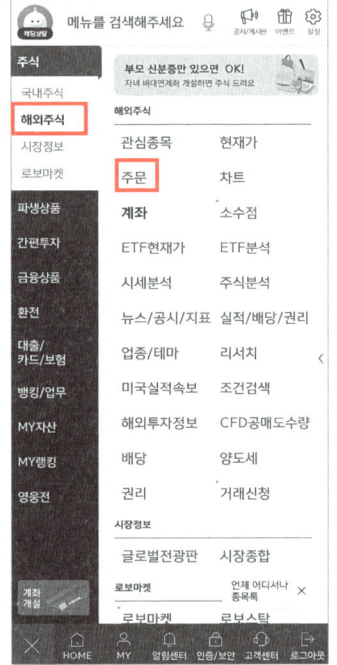

출처 : 키움증권 영웅문S#

◆ 투자 일기 ◆

미국 주식 거래할 때 밤 새우지 말고 'LOC' 매수 기능을 이용하자

최근 엔비디아를 선두로 빅테크(Big Tech) 종목들이 연일 상승하는 등 미국 증시가 뜨겁다. 반면에 한국 증시는 뜨뜻미지근하다.

미국 주식 거래하려면 새벽에 자야 하나?

미국 주식을 하다 보면 불편한 게 하나 있는데, 바로 미국 주식시장이 한국 시간으로 밤 11시 30분(서머타임 적용 시 밤 10시 30분)에 시작된다는 것이다.

나는 밤에 일찍 자는 편인데, 밤 11시 30분까지 기다렸다가 주식 거래를 하기가 여간 힘든 게 아니다. 다음 날 아침 출근에도 지장을 준다.

몇 년 전부터 한국 증권사에서 미국 주식을 낮에도 거래할 수 있는 '주간 거래' 서비스를 제공하고 있지만, 지정가 주문만 가능하고, 거래량이 적다 보니 기존 정규시장에 비해 가격 변동과 호가 간격이 커서 희망하는 가격에 체결이 어렵다. 즉 비싸게 매수하고, 싸게 매도할 수 있다. 물론 장기 투자를 목표로 매매 빈도가 적은 게 좋지만, 효율적인 포트폴리오 운용을 위해 매수/매도해야 할 시점이 종종 있다.

종가에 매수를 걸어놓고 편히 자라!

그런데 이러한 어려움을 해소해 주는 솔루션이 있다. 바로 LOC (Limit On Close, 종가 기준 거래) 기능이다.

1. 내가 설정한 주식가격보다 종가가 낮거나 같으면 주문이 체결된다.
2. 설정한 가격보다 종가가 높으면 주문은 체결 없이 취소된다.

그림 46. LOC 기능

 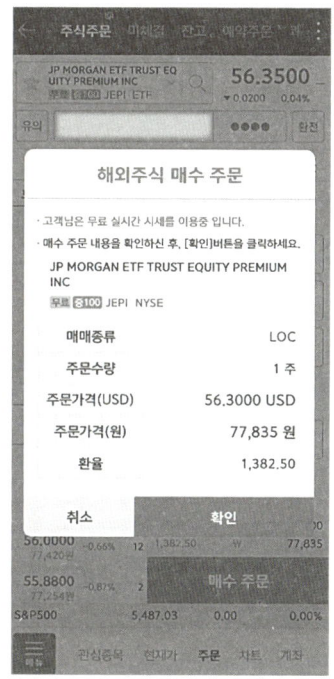

출처 : 키움증권 영웅문S#

　예를 들면, 한국에서 미국 주식 정규시장 시작(한국 시간 밤 11시 30분) 이전인 프리마켓 시간(한국 시간 저녁 6시~밤 11시 30분)에 JEPI 주식 창에서 거래 '종류'를 '지정가'나 '시장가'가 아닌 'LOC'를 선택하고 가격을 56.3달러로 지정하고 매수 주문 버튼을 누르고 잠을 잔다.

그리고 다음 날 JEPI 종가가 55달러로 장을 마쳤다면, 내가 주문한 거래는 55달러에 구매가 체결된다. 만약, 종가가 58달러라면 내가 주문한 거래는 체결이 안 되고 취소된다(내가 지정한 56.3달러보다 높게 장이 마감되었기 때문). 만약 56.3달러 이하로 매수하면 만족이라고 생각한다면 그대로 거래하면 된다.

만약 밤을 새워가며 정규거래 시간에 56.3달러에 매수했는데 종가가 54.3달러에 마감했다면 2달러를 손해 본 느낌이 들 수 있다. 그런데 LOC 기능은 이러한 손해 보는 기분을 없애준다. LOC 기능은 매도 시에도 사용 가능하며, 매수와 반대로 생각하면 된다.

그럼, 이제 우리 모두 마음 편히 잠을 자도록 하자.

04
배당금 확인

 드디어 손꼽아 기다리던 배당금이 입금되었다. 배당금이 입금되었다는 문자 알림은 배당받는 금액의 크기에 상관없이 지루한 일상에 유일한 낙이 된다.

 두 가지 이상의 월배당 ETF에 투자했다면 배당지급일이 다를 수 있고, 만약 4종목의 ETF에 투자했다면 월 4회 카카오톡 알림을 수신할 것이다.

카카오톡 알림 서비스는 '[전체 메뉴] ⇨ [뱅킹/업무] ⇨ [인증/서비스] ⇨ [알림 서비스] ⇨ [카카오톡 알림] ⇨ [계좌 알림]'에서 신청하면 된다.

다음 화면(그림 47)은 배당금이 입금되었다는 카카오톡 알림이다.

그림 47. 배당금 입금 알림

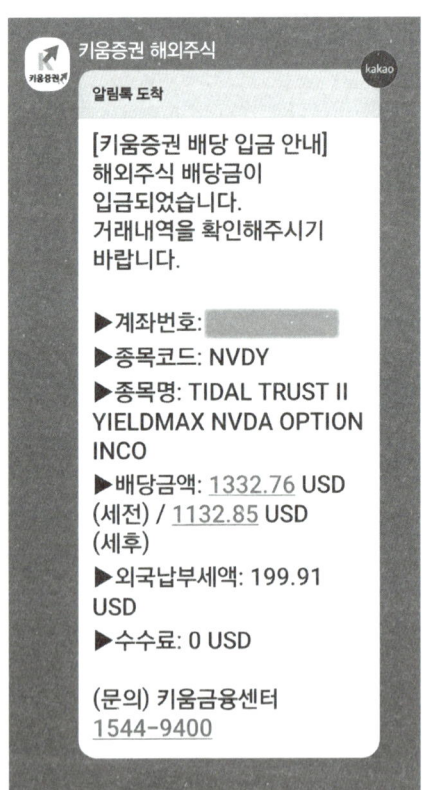

매월 배당금이 입금된 내역을 보고 싶으면 '[전체 메뉴] ⇨ [해외 주식] ⇨ [배당] ⇨ [배당 입금 내역]'에서 확인할 수 있다.

그림 48. 매월 배당금 입금 내역 확인

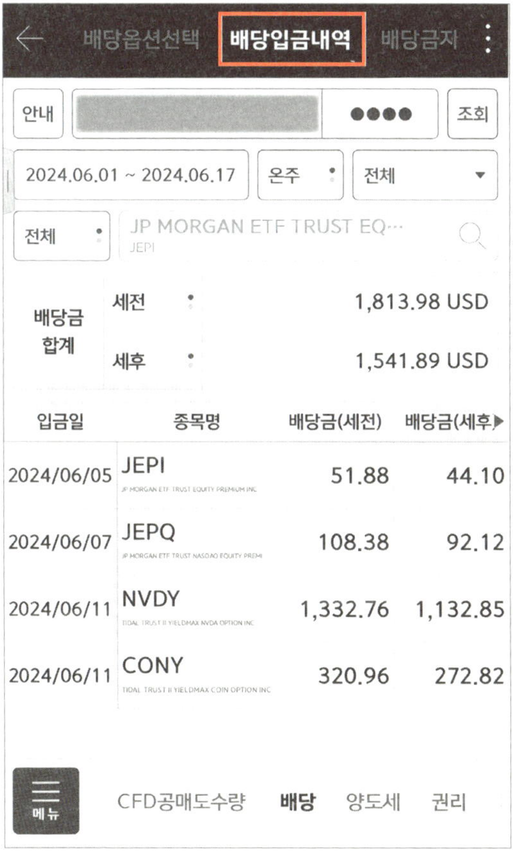

출처: 키움증권 영웅문S#

배당금은 당연히 달러로 받으므로, 증권계좌에 달러로 차곡차곡 쌓인다. 이렇게 받은 배당금을 재투자할 목적이라면 그 달러로 원하는 ETF에 재투자하면 된다.

하지만 은퇴자처럼 매월 생활비로 사용해야 한다면 배당받은 달러를 원화로 환전하고, 증권계좌가 아닌 나의 은행 계좌로 옮겨야 하는데, 이것은 의외로 번거롭고 귀찮은 일이다. 다행히 증권사에서는 이러한 귀찮은 일을 대신해 주는 서비스(무료)가 있다. 바로 '배당금 자동출금 기능'이다.

배당금 자동출금 기능

이 서비스는 증권계좌에 입금된 현금 배당금을 배당지급일 익영업일에 연계 은행통장으로 자동 이체해 주는 서비스다.

이를 위해서는 서비스 신청을 해야 하는데, 신청/해지 가능 시간은 영업일 07:00~23:30분까지이다. 해당 서비스는 '[전체 메뉴] ⇨ [해외 주식] ⇨ [배당] ⇨ [배당금 자동출금]'에서 신청하면 된다.

그림 49. 배당금 자동출금 기능 서비스

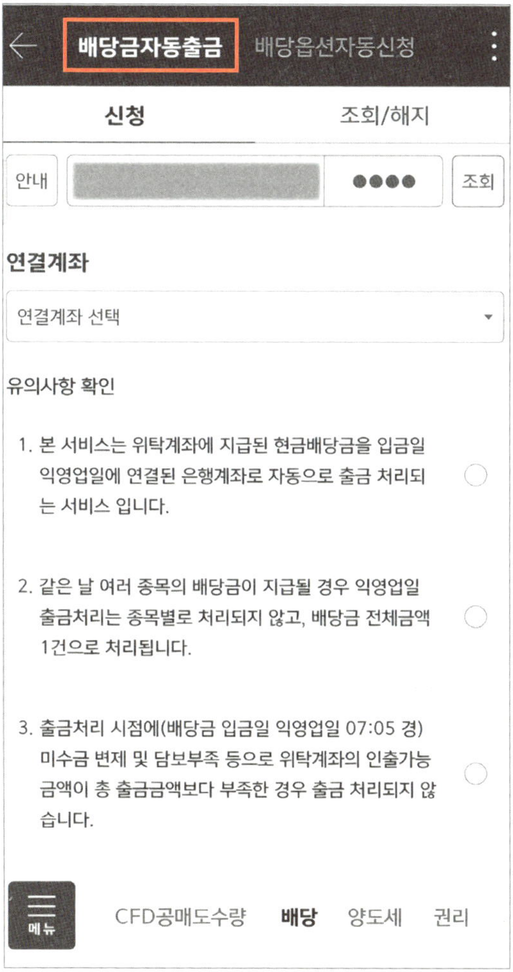

출처: 키움증권 영웅문S#

서비스를 신청하고, 미국 ETF에서 배당금을 받게 되면 익일 오전에 [그림 50]과 같이 배당금이 키움 증권계좌에서 원화로 환전 및 출금되어, 내가 지정한 은행 계좌에 입금되었다는 카카오톡 알림을 받게 된다.

그림 50. 자동 인출 ⇨ 지정 은행 계좌 입금 알림

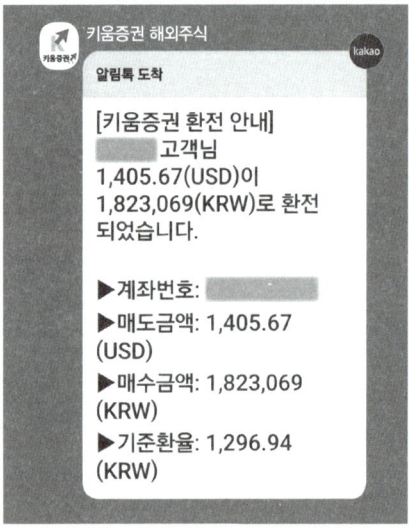

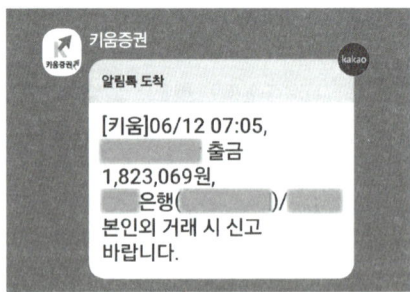

05
미국 주식 거래시간

미국 주식은 우리나라와 시차가 있는 만큼 주식 정규시장 거래 시간이 늦은 밤으로, 증권거래소가 위치한 미국 동부지역의 시간대에 맞춰 거래가 진행된다. 정규시장은 한국 시간 기준으로 밤 11시 30분부터 다음 날 아침 6시까지 열린다.

프리마켓(Pre-Market)과 애프터마켓(After-Market)

한국의 시간외 거래처럼 미국도 프리마켓과 애프터마켓이 존재한다. 그러나 미국의 시간외 거래 시간은 [표 38]과 같이 매우 길다.

표 38. 미국 주식시장 거래 시간

[한국 시간 기준]	서머타임 적용 시 (3월 둘째 주 일요일 ~11월 첫째 주 일요일)	서머타임 미적용 (11월 첫째 주 일요일 ~3월 둘째 주 일요일)
주간 거래	09:00~16:45	10:00~17:45
프리마켓(장 시작 전 거래)	17:00~22:30	18:00~23:30
정규시장	22:30~05:00	23:30~06:00
애프터마켓(장 마감 후 거래)	05:00~08:00	06:00~08:00

- 정규시장 외에는 증권사에 따라 거래 가능 시간이 다를 수 있음(이 표는 키움증권 2024년 8월 15일 기준)
- 국내 증시 휴장일이더라도, 미국의 거래일(Trading Date)에는 매매 가능(미국 휴장일에는 거래 불가)
- 프리마켓 주문은 정규시장까지 유효

    왜 이러한 정규시장 외의 거래가 존재할까? 거래 시간을 충분히 제공함으로써 주식가격의 변동성을 줄이고, 거래를 안정화하기 위해서다. 그리고 정규시장 외의 시간에 기업의 실적 발표나 전쟁 같은 주가에 영향을 미치는 요인들로부터 투자자를 보호하기 위해서다.

    또한, 미국이나 한국뿐만 아니라 전 세계 많은 투자자가 미국 주식시장에 참여하고 있는 만큼 시차라는 장벽을 어느 정도 낮추기 위해 시간외 거래를 추가하는 것이다.

한국 투자자 입장에서는 밤 시간인 정규시장 외에 거래할 수 있어 편리하지만, 프리마켓과 애프터마켓은 단점을 갖고 있다. 한국의 시간외 거래처럼 정규장 대비 거래량이 적다 보니, 일부 주식은 매매하기가 쉽지 않을 수 있다. 매도와 매수 거래량이 미미하다 보니 적은 금액에도 변동성이 크다.

정규시장은 시장가로 주식을 거래하면 즉시 거래가 체결되지만 프리마켓과 애프터마켓은 본인이 지정한 가격인 '지정가'로만 거래가 가능하기 때문에 매수, 매도하는 데 시간이 오래 걸리며, 체결이 안 되는 경우도 자주 발생한다. 따라서 급하게 매매해야 하는 경우가 아니라면 프리마켓이나 애프터마켓보다는 정규시장에서 거래하는 것이 좋다.

서머타임(Summer Time)

서머타임은 여름철에 표준시간을 원래 시간보다 1시간 앞당기는 것을 말한다. 여름에는 낮이 길고 밤이 짧으므로 서머타임을 통해 조명 사용 감소 등 에너지 절약 효과를 기대할 수 있다.

과거에 한국에서도 서머타임을 시행한 적이 있다. 국민들의 반대로 더 이상 시행하지 않지만, 미국에서는 서머타임을 실시하고, 주식시장도 동일하게 적용된다.

한국 증권사들의 주간 거래 서비스

미국 주식시장은 시간외 거래(프리마켓, 애프터마켓)을 포함하여, 서머타임 적용 시간 기준으로 오후 5시부터 다음 날 오전 8시까지 가능하다. 그런데 이에 더하여 낮에도 거래가 가능한 '주간 거래 서비스'를 국내증권사에서 제공하기 시작했다.

삼성증권이 2022년 2월에 최초로 서비스를 시작했으며, 지금은 대다수 증권사가 주간 거래 서비스를 제공하고 있다. 키움증권의 경우, 한국 시간으로 오전 9시부터 오후 4시 45분까지 거래할 수 있다(서머타임 적용). 하지만 프리마켓과 애프터마켓처럼 거래량이 적다는 단점이 있다.

국내 증권사의 주간 거래 서비스까지 하면, 미국 주식은 거의 24시간 거래가 가능하다고 할 수 있다. 국내 주식보다 시간상으로 거래하기가 훨씬 편하다.

지금까지 미국 주식(ETF)을 거래하는 방법을 알아보았다. 당신이 생각한 것보다 쉽지 않은가? 국내 주식 거래와 별반 다르지 않다. 이제 미국 월배당 ETF를 시작해 보자.

7장

나만의 투자 필살기

01
생각할 시간을 가져야 부자가 된다

　책이나 신문을 읽다 보면 '인사이트'라는 용어가 종종 나오는데, 기업에서는 다양한 데이터를 통해 인사이트를 도출해 내고, 이를 토대로 경영진들은 중요한 의사결정에 이를 반영한다.

인사이트란 무엇일까?

　위키피디아(Wikipedia)에서는 인사이트를 '통찰력', 즉 '본질을 꿰뚫어 보는 것'이라고 정의한다. 쉽게 말하면 인사이트를 얻었다고 하는 것은 깊은 깨우침을 얻었다는 의미이다.

그리고 컨슈머 인사이트(Consumer insight)는 소비자의 행동 양식과 가치관을 꿰뚫어 보고 이를 제품과 서비스에 반영하는 일을 말한다. 성공하는 사람들은 이러한 인사이트, 즉 통찰력이 뛰어난 사람이라고 할 수 있다.

하루 종일 누워서 생각하니 인사이트가 생기더라

나는 미국 대학원에서 마케팅을 공부했는데, 보통 미국 경영대학원들은 낮에 근무하는 직장인들을 고려하여 수업을 저녁 6시부터 시작한다. 직장인들이 퇴근 후 수업에 참석하는 것이다. 그래서 경영대학원들은 다수의 기업이 밀집된 다운타운(Downtown)에 많이 위치해 있다. 그러나 나 같은 유학생들은 직장에 다니지 않으니 낮에는 주로 도서관에서 공부하고 리포트를 작성하는데, 리포트라고 해봐야 분량이 2~3페이지 정도다. 미국 교수들은 양보다 질을 중시하기 때문이다. 하지만 리포트에 아이디어와 인사이트를 가득 넣어야 한다.

나는 공부해야 할 때는 대학원 도서관을 주로 이용했지만, 아이디어가 필요한 리포트를 작성할 때는 주로 집에 처박혀 있었다. 침대에 누워서 리포트에 관련된 아이디어를 계속 생각했는데, 그 과제에 대해 끝없이 생각하다 보면 신기하게도 아이디어가 떠오르고 통찰력이 생겼다.

　몇 년 전 회사에서 일을 잘해 특진을 거듭하던 선배의 말이 떠오른다. "보고서가 제대로 안 써지면, 그 보고서에 관련된 데이터나 정보를 들여다보고 계속 고민하다 보면 답이 나온다."
　그렇다! 한 가지 것에 대해 밤이고 낮이고 계속 생각을 하다 보면 해결책이 나오고, 길이 보인다. 신기할 따름이다.

일요일은 생각만 하는 날이다

　유명 유튜버 신사임당은 저서 《킵고잉(KEEP GOING)》에서 "내가 생각하는 요일과 행동하는 요일을 나누는 것도 신중한 결정을 내리기 위해서다. 판단력을 흐리는 주변의 말이나 방해 없이 혼자 심사숙고해야 한다. 생각하는 일 자체가 결코 가볍지 않는 노동이고, 내 삶을 바꾸는 결과를 가져올 수 있다"라고 말했다.
　신사임당은 매주 일요일은 생각하는 날로 정했다고 한다. 그날은 어떤 것도 실행하지 않고 오직 생각만 한다고 한다. 삼성고 이건희 회장도 회사에 출근하지 않고, 자택에서 은둔하며 미래 사업 구상을 한 것으로 유명하다.

생각할 시간이 있어야 재테크도 한다

고학력의 대기업 직장인들이 재테크를 하지 못하는 이유가 무엇일까? 하루 종일 바쁘게 일하는 바람에 딴생각할 정신적, 육체적, 시간적 여유가 없기 때문이다. 야근하고 집에 오면 피곤해서 씻고 잠자기 바쁘고, 주말에 출근하는 경우도 많다.

나의 경우, 종종 오후 반차를 사용하여(가족에게는 알리지 않고) 집 근처 조용한 커피숍에서 커피를 마시며 여유롭게 책을 읽거나 앞으로의 1년, 3년, 5년 후 계획을 세우는 등 나만의 시간을 따로 갖곤 했다. 이러한 시간들은 재테크 내공을 쌓는 데 많은 도움이 되었다.

혜민 스님의 책《멈추면 비로소 보이는 것들》이라는 제목이 와닿는다. 어떻게 하면 부자가 될 수 있을지 생각도, 고민도 하지 않고 목표도 없는데, 어떻게 부자가 될 수 있겠나?

02

돈으로 해결할 수 있는 게 제일 쉽다

 몇 년 전 넷플릭스에서 학폭을 다루는 드라마 〈더 글로리〉가 방영되었는데, 평범할 수도 있는 스토리를 긴장감 있게 이끌며 전 세계적으로 흥행에 성공했다.

 드라마 장면 중에 나에게 매우 인상 깊은 대사가 있었다. 학폭 가해자 연진의 재벌 남편 하도영의 대사가 바로 그것이다.

 "돈으로 해결할 수 있는 문제가 제일 쉬운 문제라니까!"

돈이 많으면 모든 것이 편한 세상

　물론 세상에 돈으로 해결할 수 없는 문제들도 있겠지만, 현대 사회에서는 그것(돈으로 해결 못하는 것)이 점점 줄어들고 있다. 사랑(사람의 마음을 얻는 것), 효도, 공부, 죽음 등 이러한 것들도 돈이 많으면 해결할 가능성이 크다.

　한 조사에 따르면 경제적으로 여유가 있는 가정이 이혼할 확률이 현저히 낮다고 하며, 부부싸움의 대부분은 결국 돈 문제에서 시작된다. 가난뱅이나 부자나 언젠가는 죽는다. 하지만 돈 걱정이 없어 스트레스가 적고, 육체노동을 하지 않는 부자들이 오래 살 확률이 더 높다.

　부모가 부자면 본인이 하고 싶은 일을 평생 하면서 살 수 있다.

　어렸을 때는 본인이 무엇을 잘하는지, 무엇을 하고 싶은지 알지 못한다. 대학생이 되면 알 수 있을까? 취업을 하고 30대가 돼야 비로소 아는 경우도 많다. 여러 경험을 해봐야 내가 진정 뭘 원하는지를 알 수 있다.

　'집안이 가난하다면, 그 꿈을 꿀 수 있을까?'

　'오늘 당장 하루 생활비를 걱정해야 한다면?'

　하루 종일 일하고 집에 와서 잠자고 다시 다음 날 출근하는 하루하루를 반복한다. 그러다가 어느새 늙어버린 초라한 나를 보게 된다.

부모가 부자면 그 자식은 여러 가지 하고 싶은 것을 해보면서 실패도 하고, 시행착오를 겪으면서 본인이 진정으로 하고 싶어하는 것을 찾게 된다. 그 분야에서 성공할 확률이 매우 높아지는 것이다.

그러나 대부분의 사람은 내가 무엇을 잘하고 무엇을 원하는지 모른 채 남들처럼 먹고사는 게 우선이라 적성에 맞지 않는 일을 하게 된다. 그러고 나서 후회하지만, 부양가족이 있어서 하기 싫은 일을 그만둘 수 없게 된다. 결국, 죽기 전에 병원 침대에서 이불 킥을 하며 뼈저리게 후회할 것이다. '내가 원하는 삶을 살지 못했다고.'

내가 부자가 되고 싶은 이유

내가 돈이 많으면 자녀에게 더 많은 기회를 줄 수 있다. 예를 들어 내 딸이 미술을 좋아하고, 소질이 많다면 해외로 유학을 보내는 등 미술 분야에서 최고가 될 수 있는 발판을 계속 마련해 줄 수 있다.

내가 돈이 없다면, 내 딸은 그저 남들처럼 직장에 취직하고, 매일 쳇바퀴 같은 지루한 삶을 살다가, 본인의 뛰어난 자질(미술)을 썩히고, 잠재력을 발산해 보지 못한 채 살다가 생을 후회로 마감할 것이다.

  돈 때문에 내 자녀가 후회하는 삶을 살게 할 것인가? 당신이 지금 부자가 되야 자녀도 평생 행복할 수 있다. 나만의 문제가 아니다. 한번 부의 대열에 오르면 자손 대대로 부자가 될 수 있다. 경주 최 부자댁처럼 '부자의 품격'을 누려 보는 게 어떨까?
  '돈이 인생의 전부가 아니다'라며 스스로 위로하며 살지 말고, 부자가 되기 위해 이제 움직여 보자!'

03
모든 투자의 결과는 다 내 탓이다

내가 어렸을 때, 일이 잘못되면 부모님 탓을 참 많이도 했다. 학창 시절에는 엄마가 아침에 나를 깨우지 않아서 지각했다고 원망했고, 성적이 우수한 반 친구들은 고액 과외를 많이 해서 공부를 잘하는 거라고 핑계를 댔다. 우리 집은 왜 부자가 아니냐며 투정을 부렸고, 엄마를 닮아 공부를 못하는 거라고. 나는 아무 잘못이 없는데, 모든 것이 부모님 때문이라며 남 탓을 했다.

대기업에 입사해서는 야근을 밥 먹듯이 하고, 상사에게 매일 구박받으니 '내가 왜 취직을 했을까?', '왜 이런 상사를 만나 고생인가?', '내가 퇴사하게 된다면 다 못된 상사 놈 때문이다'라고 자기 합리화를 하기 시작했다.

투자에 실패해도 가족이나 친구 탓을 했다. "내가 그 아파트를 사려고 했는데, 누나가 사지 말라고 해서 내가 못 샀다. 그 아파트 엄청 올랐다. 누나 때문에 망했다. 책임져라!", "네가 추천한 주식 때문에 큰 손해를 보았는데, 어쩔 거냐?" 이렇게 말이다.

이제 누구도 탓하거나 원망하지 않는다. 내가 스스로 결정해서 선택했으면, 남을 결코 원망할 수 없다. 원망할 상대는 오직 나 자신뿐이다. 최종 결정은 본인이 하는 것이고, 그에 대한 결과는 오롯이 본인이 받아들여야 한다. 그래야 잘못되더라도 후회가 없다. 그러나 타인에 의해 결정한 것은 잘못되면 그 사람을 원망할 수밖에 없고 미련과 후회도 오래 남는다.

비록, 나중에 결과는 좋지 못하더라도, 본인이 고민 끝에 최종 결정하고 실행한 것은 후회가 없다. 물론 최종 결정을 하기 전에, 다른 사람들의 의견을 참고하는 것은 선택하는 데 있어서 도움이 될 수 있다.

최근 불법 주식 리딩방이 문제가 되고 있다. 종목 추천, 매수·매도 타이밍 등을 카카오톡 단체 채팅방 또는 텔레그램 단체 채팅방에서 공유하며 회원들을 모집하고, 처음에는 무료로 정보를 제공해주다가 구체적인 정보를 원하면 수백만 원에서 수억 원에 이르는 유료회원에 가입할 것을 요구한다. 내일 폭등할 종목이 있다며, 큰돈을 벌게 해준다는 문자가 내게도 종종 날아온다.

잠깐 생각해 보자. 단기간에 100% 이상의 수익을 낼 수 있는 투자 정보가 있다면 왜 남에게 권할까? 나라면 나만 알고 있든지, 가족에게만 공유할 것 같다. 인간은 이기적인 동물이라 좋은 것은 본인만 가지고 독점하고 싶은 것이 본능이다. 값비싼 유료 회원에 가입해서 투자 손실을 보면 누구를 탓할 것인가? 그 불법 리딩방 업체인가?

누구도 내 인생, 내 돈을 책임지지 않는다. 내가 스스로 지켜야 한다. 시간이 오래 걸리더라도 내가 공부하고 고민해서 투자하고, 그 결과도 내가 책임지자. 내가 선택한 투자는 결과가 좋지 않더라도 후회는 없지만, 타인에 의한 투자는 후회만 남을 것이다.

04
성공을 위해
손에서 책을 놓지 마라

　책 읽기를 싫어했던 나는 어려서부터 책을 정말로 안 읽었다. 책 읽는 습관을 못 들였고, 책 읽는 것 자체가 하나의 큰 일이었다. 몇 분을 못 읽고 포기하기 일쑤였다. 그래서 초등학교, 중학교, 심지어 고등학교 때도 선생님들이 교과서를 읽도록 시키면, 더듬더듬 읽었다. 친구들이나 사람들 앞에서 이야기할 때 언어장애가 있는 것처럼 더듬더듬 말하곤 했다.
　평소에도 말을 버벅거리니 자존감이 낮아지는 것은 당연했다. 소심한 A형 그 자체였다. 나는 그냥 교실에 있는 듯 없는 듯한 조용한 아이였고, 공부나 연애 등 모든 것이 소극적이고, 의욕 상실 그 자체였다.

처음으로 책이란 것을 제대로 읽은 것은 미국에서 유학 중이던 시절이었는데, 그때 아버지께서 보내주신 로버트 기요사키의 《부자아빠 가난한 아빠》를 읽고 신선한 충격을 받았다. 그리고 내 인생 처음으로 책을 처음부터 끝까지 읽어 내려갈 수 있었다. 그전까지는 책을 읽을 때 한 페이지를 넘기는 데도 시간이 꽤 걸렸지만, 이 책은 페이지가 술술 넘어갔다.

지금 생각해 보면 부자가 되고 싶은 나의 꿈에 하나의 빛이 된 책이어서 그랬던 것 같다. 그때가 2000년 12월이었다.

만약, 내가 《부자아빠 가난한 아빠》에 있는 내용대로 실행했다면, 현재 부자가 되었겠지만 처음에 불타올랐던 재테크에 대한 의욕은 바쁘게 직장생활을 하면서 사그라져 버렸다. 그냥 다람쥐 쳇바퀴 돌듯 출근, 퇴근, 회식을 반복하였다.

부자가 되는 책, 아침형 인간 같은 책을 읽으면 당장이라도 나는 부자가 될 수 있을 것 같고, 아침형 인간이 될 수 있을 것 같은 열정이 솟구친다. 책을 읽고 나면 나는 재벌이 되고, 경제학자이고 철학자가 된다. 그러나 짧으면 몇 주 혹은 몇 달 후에 그 의욕은 현실에 묻혀 원상태의 의욕 없는 나로 되돌아간다.

사라져 버린 열망을 어떻게 다시 불러올 수 있을까?

성공에 대한 열정을 계속 유지하기 위해서는 책을 지속적으로 읽어야 한다.

"나에게 하버드 졸업장보다 소중한 것은 독서하는 습관이다."

빌 게이츠는 지금의 자신을 있게 한 비결은 독서에 있었다고 말한다. 일론 머스크는 매일 두 권씩 책을 읽으며 자랐고, 메타(페이스북 모기업)의 마크 저커버그도 하루에 1시간 이상은 책을 읽었으며, 워런 버핏은 지금도 매일 책을 500페이지씩 읽는다고 한다.

책을 읽는 사람이 모두 부자가 되는 것은 아니지만 대다수 부자는 책을 많이 읽는다. 훌륭한 멘토들의 책을 읽고 있으면 정말로 나의 목표를 이룰 수 있다고 자신감이 들며 의욕에 고취된다. 하지만 바쁜 일로 며칠만 책을 읽지 않으면 원래의 평범한 나로 돌아온다. 읽었던 내용들도 다 잊어버린다.

당신이 성공하고 싶다면, 손에서 절대 책을 놓지 마라. 열정이 식지 않도록….

05
투자에서는 멘탈이 전부다

전문가나 뉴스기사에 흔들리지 마라

어쩌다 TV 방송에서 경제 뉴스를 보면, 소위 전문가라는 사람들이 나와서 어려운 차트, 데이터를 보여주며 본인의 전문지식과 명석함을 내세운다. 그런데 그렇게 주식에 대해 잘 알면 이미 큰 부자가 됐을 것인데, 굳이 방송에 나와서 자신의 노동력과 시간을 소비하고 있을까?

상대성 이론으로 유명한 천재 물리학자 알버트 아인슈타인도 노벨상으로 받은 상금을 주식투자로 모두 날려 버렸다고 한다.

주가의 향방은 신도 모른다. 그런데 TV나 유튜브를 보면 주식에 대해 예언하는 노스트라다무스가 너무도 많다. 주식뿐만 아니라 부동산, 코인 등 많은 분야에 있다.

'나는 10년을 내다보고 장기 투자할 것'이라고 굳은 다짐을 해도 "세계 경기침체가 예상된다", "중동전쟁이 발발할 것이다" 등 실제 일어나지 않은 뉴스 기사를 보고 공포에 휩싸여 주식, 부동산을 매도하고 나중에 후회하는 사람들이 많다.

뉴스기사를 맹신하지 마라. 특히 유튜브의 경우에는 구독자 수, 조회 수를 늘리기 위해 자극적인 제목, 내용으로 투자자들을 현혹하는 경우가 많다.

주식 폭락은 저가 매수의 기회이다

갑작스러운 사건으로 증시가 폭락을 거듭할 수는 있다. 하지만 미국의 9·11 테러(2001년)와 금융위기(2008년), 전 세계적인 코로나 유행(2019년) 사례를 보듯이 몇 년 후에 보란 듯이 증시는 상승했다. 주식시장이 멸망할 것처럼 투자자들이 패닉 상태에 빠지지만, 몇 년 후에 언제 그랬냐는 듯이 평온하다. 항상 주식 폭락 증후가 보이면 "이번에는 과거 침체와 다르다. 회복하지 못할 최악의 폭락장이 온다"라고 공포에 떨며 주식을 내다 던진다. 그리고 몇 년 후에 매도한 것을 후회한다.

아직 반백 년을 살아오지 않은 나지만 과거 사례만으로도 뻔한 스토리의 반복이다. '하락 ⇨ 상승 ⇨ 하락 ⇨ 상승'.
주가 상승은 당연한 듯이 생각하고, 왜 하락은 무서워하며 받아들이지를 못하는가?

뉴욕증권거래소가 1792년에 최초로 출범한 이후로 미국 증시가 장기 우상향해 온 사실을 아는 투자자들은 주식이 폭락했을 때 저가 매수의 기회로 삼는다. 워런 버핏은 이렇게 말했다.

"보유하고 있는 주식이 50% 하락했다고 패닉에 빠진다면 당신은 주식시장에 있어서는 안 된다."

시장에서 한 걸음 떨어져 있어라

글로벌 2위 자산운용사 뱅가드(Vanguard) 그룹 창업주이자 인덱스 펀드의 창시자인 존 보글은 "카지노에서 나와 계속 밖에 있어라"고 말했다. 일단 본인이 공부하고 확신이 들어서 투자했다면 그다음에는 매일 급등락하는 주식시장에서 물러서서 마음을 내려놓고 있으라는 의미일 것이다.

가장 최고의 투자는 바로 '마음 편한 투자'다.

여러 종목에 분산투자 하는 ETF가 이에 조금이라도 부합하며, 매월 배당금이 입금되는 월배당 ETF라면 주가가 하락하더라도 개별 주식보다는 심리적 안정을 찾을 수 있다. 또한 미국 달러로 투자되는 만큼 통화가치도 안정적이다.

일단 투자를 시작했으면 매일 주식시장을 들여다보지 말고, 느긋하게 매월 배당금을 받으며, 내가 관심 있는 일이나 취미생활을 하면 된다.

큰 믿음 하나만 있으면 된다

물론 인간인 이상, 마음을 내려놓고 느긋하게 투자하기가 쉽지만은 않다. 오랜 공부와 경험을 통해 투자 내공이 쌓였으면 모를까, 그게 어렵다 보니 자주 조급함과 두려움에 휩싸이게 된다.

하지만 '생산 ⇨ 소비 ⇨ 분배(소득) ⇨ 저축 ⇨ 투자의 경제순환(Economic Circulation)'으로 기업은 계속 성장하고, 이에 따라 주식시장도 매년 성장한다. 그리고 기축통화인 달러를 보유하여 전 세계 경제 주도권을 가지고 있는 미국 경제는 앞으로도 번성할 것이다.

이러한 사실에 대한 확고한 믿음을 갖는다면 미국 월배당 ETF에 투자하고 나서 조급해지는 일은 없을 것이다.

◆ 조기 은퇴 마지막 관문 ◆

아내의 퇴사 허락, 허락보다 용서를 구하라!

취준생에서 고대하던 취업의 기쁨도 잠시, 험난한 직장생활을 하다 보면 직장인들의 꿈은 어느덧 퇴사로 바뀌게 된다. 그러나 퇴사를 힘들게 하는 것이 있는데, 아파트 대출금, 자녀 학비 등 경제적인 문제가 바로 그것이다. 그런데 그보다 더 큰 장벽이 있으니… 바로 아내의 허락이다. 대다수의 아내는 남편의 퇴사를 쉽게 허락하지 않는다. 배우자의 격렬한 반대로 퇴사의 꿈을 접는 남편들이 매우 많다.

나도 그중 한 명이었다. 그러나 영혼 없이 회사를 다니다가는 내 미래, 더 나아가 가족의 미래까지 암울해 보였다.

어느 신문기사에서 '허락보다 용서가 쉽다'라는 글을 읽은 적이 있다. 나도 고심 끝에 실행에 옮겼다. 아내가 나중에 퇴사에 대해 미리 상의하지 않았다는 사실에 분개할 수 있지만, 어쩔 수 없었다. 이렇게 살다가는 죽기 전에 요양병원에서 이불킥을 하고 과거를 후회하며 생을 마감할 것만 같았다.

아내에게 이미 희망퇴직서를 냈다고 통보하자, 아내는 엄청나게 화를 냈고, 몇 달간의 부부싸움이 있었다. 그 이후 다시는 부부간에 상의 없이 큰 결정을 하지 않겠다는 약속을 하고 용서를 받을 수 있었다. 아내에게는 많이 미안하지만, 퇴사할 수 있다는 사실에 나는 행복감을 느낀다.

퇴사가 정답이라는 사실을 알고 있으면서도 아내의 반대 때문에 억지로 회사를 다니고 있다면, 허락보다 용서를 구해보는 것은 어떨까? 다만, 최악의 경우 이혼당할 수 있으니, 아내의 성향 등에 따라 신중하게 결정하기 바란다.

◆ 에필로그 ◆

집필을 마무리하며

지금 이 글을 쓰는 이 순간이 신기하고 얼떨떨하다. 어려서부터 독서에 전혀 취미가 없던 내가 책 출간을 위해 글을 쓰고 있다니…. 현재의 답답한 삶에서 벗어나 내가 원하는 것을 하고자 4년 전부터 준비한 끝에 여기까지 올 수 있었다.

세상이 변했다. 과거에는 정보가 소수에게만 제공되었으나, 이제는 인터넷에서 모든 정보를 A에서 Z까지 얻을 수 있다. 당신도 원하기만 하면 무엇이든 이룰 수 있다. 하겠다는 결심만 있으면 된다.

이 책에서 내가 왜 미국 월배당 ETF를 투자하기 시작했고, 배당금의 원천은 어디에서 나오며, 주요 월배당 ETF에는 무엇이 있는지 설명했다. 여러 투자 상품이 있겠지만 사람 스트레스가 없는 월배당 ETF가 나에게 잘 맞았다. 큰돈을 넣어도 ETF는 개별 주식보다 덜 불안했고, 장기 투자가 지루하기도 했지만 매월 받는 배당금 덕분에 재미가 쏠쏠했다.

어린 자녀가 있다면 SPY, QQQ, SCHD 같은 배당 성장주로 새싹에 물 주듯 꾸준히 자산을 키워가기 바란다. 그러면 당신 자녀는 당신보다 더 여유로운 인생을 살 수 있을 것이다.

4장에서 배당률에 따른 포트폴리오를 보여주었는데, 이것은 전적으로 나의 개인적 의견이니 단순히 참고만 하기를 다시 한번 강조한다. 투자 시나리오(포트폴리오)는 당신만이 만들 수 있다. 당신 인생을 타인이 설계해 줄 수 없듯이 말이다.

투자에 신경을 덜 쓰고, 창조적이고 본인이 좋아하는 일을 하라. 인생은 짧다. 지금 당신은 이미 너무 늦어 버렸다고 생각하는가? 실제 나이에서 10살을 빼라. 결코 늦지 않았다. 워런 버핏도 50세가 돼서야 현재 자산의 90%를 이루었다. 속도보다 방향이 중요하다.

얼마 전에 인터넷 신문 기사를 보았는데 기사에 달린 댓글이 더 인상적이었다. 억만장자이지만 94세 고령의 워런 버핏이 전혀 부럽지 않다는 것이다. 그렇다. 100조 원의 재산을 갖고 있는 워런 버핏보다 당신이 더 낫다. 워런 버핏은 당신의 젊음을 부러워할 것이다. 그는 당신의 나이를 1년이라도 살 수 있다면 1조 원이라도 기꺼이 지불하겠지만, 아무리 부자라도 시간을 돈으로 살 수 없다.

당신은 본인이 생각하는 것보다 더 대단한 사람이다. 스스로를 믿고 꿈을 향해 용기 있게 나아가기를 바란다. 끌려다니는 삶을 살지 말고 즐기는 삶을 살아라. 내가 재미가 없는데(행복하지 않은데) 어떻게 자식에게 재미있게(행복하게) 살라고 말할 수 있겠는가?

하루라도 행복한 삶을 살기를 바란다.

마지막으로, 항상 사고 치는 남편을 이를 꽉 깨물고 그래도 용서해 주는 아내 희정에게 사랑과 고마움을 전한다. 그리고 나의 희망이자 꿈인 딸 정윤이에게도 태어나 줘서 고맙다고 꼭 전해 주고 싶다.

그럼, 모두에게 행운을 빈다. Good Luck!

나는 오늘도 그날을 꿈꾼다

오늘은 이용하던 리스 차량을 바꾼 날이다. 2년간 포르쉐 파나메라를 탔는데, 더 날렵한 페라리 로마로 교체했다. 아무리 좋은 차도 2년 이상 타면 왠지 싫증이 난다. 아내는 람보르기니 SUV를 오랫동안 계속 타고 다니는데, 그게 편하다고 한다.

오후에는 페라리를 타고 신세계 명품관에 도착했다. 발렛파킹

하는 직원분이 상냥하게 웃으며, 내 차를 주차한다. 사치하지 않는 나지만, 내일이 아내의 생일이라 명품을 선물하고 싶어 샤넬 매장에 들어가서 아내 취향의 가방을 샀다. 가격은 물어보지 않는다. 이런 날이 오게 될 줄이야. 백화점 명품관에서 가격을 보지 않고 물건을 구매하는 날이⋯.

내 집은 작년에 재건축한 압구정 현대아파트다. 부자였던 이모님이 과거 재건축되기 전에 살던 동네인데, 내가 이제 남들이 부러워하는 아파트 펜트하우스에 살고 있다. 내일 저녁에는 아내를 위해 이탈리아 요리전문가에게 배운 보타르가 파스타를 직접 요리할 예정이다. 아내가 좋아하겠지?

이번 토요일은 내가 부산 서면에서 재테크 특강을 강의하는 날이다. 지인들은 말한다. 돈을 많이 벌어서 아쉬울 게 없을 텐데 왜 힘들게 강의를 하러 다니냐고⋯.

성공한 사람들의 책, 강의를 통해 여기까지 올 수 있었기에 나도 이제 한 사람의 인생을 바꾸는 일을 하고 싶다. 본인에게 큰 잠재력이 있는데도 그것을 끄집어내지 못하고 하루하루의 삶에 치여 사는 사람들에게 길을 제시해 주고 싶다.

미국 뉴욕으로 유학 간 나의 귀염둥이 딸은 잘 지내고 있을까? 거기엔 남자 늑대들이 우글거릴 텐데, 내 딸이 너무 예뻐서 새삼 걱정된다. 뭐, 세상이 바뀌었으니, 본인이 알아서 잘하겠지. 아내 말대로 다 큰 아이니 너무 구속하지는 말아야겠다. 외국인 사위나 데려오지 않으면 다행이다.

아무래도 내년에는 아내와 함께 뉴욕에서 몇 달간 머물러야겠다. 3년 전에 계약한 맨해튼에 있는 아파트가 곧 완공되니, 거기에 머물면서 미국 동부나 구경할 생각이다. 근처 해변에서 따뜻한 햇살을 맞고, 커피를 음미하며 책을 읽는 것도 나쁘진 않겠네.

가끔 생각해 보면, 나에게 이런 날이 온 것이 신기하고, 믿을 수가 없다. 꿈을 꾸었지만 그 꿈이 이뤄질지 솔직히 확신하지 못했다.

그때 가족들의 반대를 뿌리치지 못하고 회사를 계속 다녔다면 지금 어떤 모습일까? 꿈 없이 하루하루 무료하게 살고 있을 것이다.

이 길이 내 인생의 끝이 아니라고 확신했고, 나를 믿고 남들이 가지 않는 길을 선택했다.

"내가 길을 잘 걸어가고 있는 것일까?"

"잘못된 곳으로 가는 것은 아닐까?"

이런 의구심이 들 때도 있었지만, 나를 믿고 꾸준하게 앞으로 나아갔다. 때론 힘들고 무섭고 외로워도 한 걸음이라도 전진했고, 가다가 넘어지면 괜찮다고 스스로를 위로하며 다시 일어나 걸어갔다. 겉으로는 아닌 척해지만, 사실은 정말 무섭고 두려운 여정이었다.

창문 너머로 비가 내리고 있다. 펜트하우스에서 바라보는 바깥세상은 참으로 행복해 보인다.

★ ★ ★

나는 오늘도 그날을 꿈꾼다. 이런 생각을 하며⋯.

한 걸음 한 걸음씩 걸어가면 그 꿈이 현실이 되는 날이 반드시 올 거라고 믿는다.

부록 1

미국 월배당 ETF 시가총액 TOP 50
(기준일: 2024년 8월 21일)

순위	티커	종목명	현재가격	시가총액 (십억)	시가배당률	운용보수
1	BND	Vanguard Total Bond Market Index Fun	$74.56	$314.00	3.60%	0.03%
2	AGG	iShares Core U.S. Aggregate Bond ETF	$100.72	$105.00	3.62%	0.03%
3	BNDX	Vanguard Total International Bond Index Fund	$49.91	$90.30	2.42%	0.07%
4	BSV	Vanguard Short-Term Bond Index Fund	$78.07	$57.30	3.48%	0.04%
5	TLT	iShares 20+ Year Treasury Bond ETF	$98.73	$47.70	3.86%	0.15%
6	VCIT	Vanguard Intermediate-Term Corporate Bond Index Fund	$82.78	$47.30	4.38%	0.04%
7	VCSH	Vanguard Short-Term Corporate Bond Index Fund	$78.66	$42.10	4.08%	0.04%
8	BIV	Vanguard Intermediate-Term Bond Index Fund	$77.66	$38.00	3.73%	0.04%
9	MUB	iShares National Muni Bond ETF	$108.02	$36.80	2.94%	0.05%
10	VTEB	Vanguard Tax-Exempt Bond Index Fund	$50.76	$34.40	3.09%	0.05%
11	VGIT	Vanguard Intermediate-Term Treasury Index Fund	$60.03	$34.10	3.71%	0.04%
12	DIA	SPDR Dow Jones Industrial Average ETF Trust	$408.56	$33.30	0.96%	0.16%
13	JEPI	JPMorgan Equity Premium Income ETF	$57.84	$32.80	6.01%	0.35%
14	BIL	SPDR® Bloomberg 1-3 Month T-Bill ETF	$91.69	$31.50	5.27%	0.14%
15	LQD	iShares iBoxx $ Investment Grade Corporate Bond ETF	$111.99	$30.50	4.21%	0.14%
16	MBB	iShares MBS ETF	$95.40	$30.50	3.88%	0.05%

순위	티커	종목명	현재가격	시가총액(십억)	시가배당률	운용보수
17	IUSB	iShares Core Total USD Bond Market ETF	$46.83	$27.90	4.02%	0.06%
18	IEF	iShares 7-10 Year Treasury Bond ETF	$97.79	$27.80	3.57%	0.15%
19	SHY	iShares 1-3 Year Treasury Bond ETF	$82.73	$24.70	3.96%	0.15%
20	VGSH	Vanguard Short-Term Treasury Index Fund	$58.67	$24.60	4.29%	0.04%
21	GOVT	iShares U.S. Treasury Bond ETF	$23.37	$22.60	3.20%	0.05%
22	JPST	JPMorgan Ultra-Short Income ETF	$50.57	$22.60	5.50%	0.18%
23	IGSB	iShares 1-5 Year Investment Grade Corporate Bond ETF	$52.24	$21.50	4.04%	0.04%
24	SGOV	iShares 0-3 Month Treasury Bond ETF	$100.60	$19.30	5.41%	0.09%
25	TIP	iShares TIPS Bond ETF	$109.13	$18.80	1.92%	0.19%
26	VMBS	Vanguard Mortgage-Backed Securities Index Fund	$46.90	$18.70	3.87%	0.04%
27	SHV	iShares Short Treasury Bond ETF	$110.43	$18.00	5.30%	0.15%
28	USFR	WisdomTree Floating Rate Treasury Fund	$50.43	$17.50	5.40%	0.15%
29	VGLT	Vanguard Long-Term Treasury Index Fund	$61.71	$16.40	3.96%	0.04%
30	EMB	iShares J.P. Morgan USD Emerging Markets Bond ETF	$92.30	$14.80	5.08%	0.39%
31	HYG	iShares iBoxx $ High Yield Corporate Bond ETF	$79.08	$14.60	6.22%	0.49%
32	PFF	iShares Preferred and Income Securities ETF	$32.21	$14.50	5.98%	0.46%
33	IEI	iShares 3-7 Year Treasury Bond ETF	$118.98	$13.30	3.18%	0.15%
34	DGRW	WisdomTree U.S. Quality Dividend Growth Fund	$81.34	$12.80	0.89%	0.28%
35	IGIB	iShares 5-10 Year Investment Grade Corporate Bond ETF	$53.23	$12.50	4.35%	0.04%
36	JEPQ	JPMorgan Nasdaq Equity Premium Income ETF	$53.87	$11.80	9.51%	0.35%
37	USHY	iShares Broad USD High Yield Corporate Bond ETF	$37.14	$11.80	6.11%	0.08%

순위	티커	종목명	현재 가격	시가총액 (십억)	시가 배당률	운용 보수
38	SCHP	Schwab U.S. TIPS ETF	$52.95	$11.20	4.06%	0.03%
39	MINT	PIMCO Enhanced Short Maturity Active Exchange-Traded Fund	$100.44	$11.00	5.38%	0.35%
40	SCHO	Schwab Short-Term U.S. Treasury ETF	$48.68	$10.70	4.33%	0.03%
41	USIG	iShares Broad USD Investment Grade Corporate Bond ETF	$52.10	$10.70	4.44%	0.04%
42	FBND	Fidelity Total Bond ETF	$46.57	$9.40	4.77%	0.36%
43	VCLT	Vanguard Long-Term Corporate Bond Index Fund	$80.37	$9.10	4.68%	0.04%
44	BLV	Vanguard Long-Term Bond Index Fund	$74.84	$8.90	4.27%	0.04%
45	TFLO	iShares Treasury Floating Rate Bond ETF	$50.57	$8.80	5.39%	0.15%
46	SPTL	SPDR® Portfolio Long Term Treasury ETF	$29.16	$8.70	3.74%	0.03%
47	SUB	iShares Short-Term National Muni Bond ETF	$105.75	$8.60	2.06%	0.07%
48	JNK	SPDR® Bloomberg High Yield Bond ETF	$96.43	$8.10	6.53%	0.40%
49	BKLN	Invesco Senior Loan ETF	$20.85	$8.00	9.38%	0.67%
50	QYLD	Global X NASDAQ 100 Covered Call ETF	$17.85	$7.90	12.04%	0.61%

• 오렌지 색은 책에서 언급한 종목

출처: dividend.com

미국 월배당 ETF 시가배당률 TOP 100
(기준일: 2024년 8월 21일)

순위	티커	종목명	현재가격	시가총액(백만)	시가배당률	운용보수
1	FIAT	YieldMax Short COIN Option Income Strategy ETF	$19.59	$8.60	115.93%	0.99%
2	MSTY	YieldMaxTM MSTR Option Income Strategy ETF	$24.50	$44.80	97.47%	0.99%
3	BITO	ProShares Bitcoin Strategy ETF	$19.35	$2,120	89.74%	0.95%
4	ULTY	YieldMax Ultra Option Income Strategy ETF	$11.42	$2.40	83.38%	1.24%
5	TSLY	YieldMax TSLA Option Income Strategy ETF	$14.20	$844	82.28%	1.01%
6	IWMY	Defiance R2000 Enhanced Options Income ETF	$39.70	$176	79.66%	0.99%
7	QQQY	Defiance Nasdaq 100 Enhanced Options Income ETF	$40.10	$289	75.44%	0.99%
8	CONY	YieldMax COIN Option Income Strategy ETF	$16.50	$350	73.17%	1.01%
9	CRSH	YieldMaxTM Short TSLA Option Income Strategy ETF	$14.79	$12.10	68.68%	0.99%
10	ABNY	YieldMax ABNB Option Income Strategy ETF	$16.06	$2.70	59.37%	0.99%
11	NVDY	YieldMax NVDA Option Income Strategy ETF	$25.64	$355	58.56%	1.01%
12	YBTC	Roundhill Bitcoin Covered Call Strategy ETF	$43.93	$15.70	56.29%	0.95%
13	YBIT	YieldMaxTM Bitcoin Option Income Strategy ETF	$14.63	$63.80	55.80%	0.99%
14	USOY	Defiance Oil Enhanced Options Income ETF	$16.88	$12.20	53.75%	0.99%
15	MAXI	Simplify Bitcoin Strategy PLUS Income ETF	$23.71	$22.40	50.61%	11.18%
16	FBY	YieldMax META Option Income Strategy ETF	$19.16	$88.50	49.70%	0.99%

순위	티커	종목명	현재 가격	시가총액 (백만)	시가 배당률	운용 보수
17	MRNY	YieldMax MRNA Option Income Strategy ETF	$11.27	$27.10	49.59%	0.99%
18	SNOY	YieldMax SNOW Option Income Strategy ETF	$19.39	$15.50	49.19%	0.99%
19	JEPY	Defiance S&P 500 Enhanced Options Income ETF	$46.14	$136	43.74%	0.99%
20	AIYY	YieldMax AI Option Income Strategy ETF	$10.28	$22.30	41.67%	0.99%
21	SQY	YieldMax SQ Option Income Strategy ETF	$18.76	$33.30	40.75%	1.01%
22	NFLY	YieldMax NFLX Option Income Strategy ETF	$16.97	$36.10	40.59%	0.99%
23	YMAX	YieldMaxTM Universe Fund of Option Income ETFs	$18.05	$51.50	39.57%	1.28%
24	BETH	ProShares Bitcoin & Ether Market Cap Weight Strategy ETF	$60.57	$5.80	38.32%	1.33%
25	KLIP	KraneShares China Internet and Covered Call Strategy ETF	$12.62	$182	38.18%	0.93%
26	GOOY	YieldMax GOOGL Option Income Strategy ETF	$15.78	$29.20	37.97%	0.99%
27	UEVM	VictoryShares Emerging Markets Value Momentum ETF formerly	$46.90	$176	37.39%	0.61%
28	YMAG	YieldMaxTM Magnificent 7 Fund of Option Income ETFs	$19.28	$31.20	36.10%	1.28%
29	AIPI	REX AI EQUITY PREMIUM INCOME ETF	$50.72	$28.40	35.01%	0.65%
30	AMDY	YieldMax AMD Option Income Strategy ETF	$14.89	$108	34.70%	0.99%
31	OARK	YieldMax Innovation Option Income Strategy ETF	$10.37	$68.90	30.48%	1.19%
32	DISO	YieldMax DIS Option Income Strategy ETF	$15.83	$18.60	29.82%	1.01%
33	BITX	2x Bitcoin Strategy ETF	$27.58	$1,550	29.75%	1.90%
34	AMZY	YieldMax AMZN Option Income Strategy ETF	$19.68	$53.70	28.88%	1.01%
35	ZIVB	-1x Short VIX Mid-Term Futures Strategy ETF	$21.53	$7.80	26.49%	1.42%
36	TSLP	Kurv Yield Premium Tesla (TSLA) ET	$23.24	$1.80	26.40%	1.15%
37	FEPI	REX FANG & Innovation Equity Premium Income ETF	$52.01	$118	25.12%	0.65%

부록 2

순위	티커	종목명	현재가격	시가총액(백만)	시가배당률	운용보수
38	XOMO	YieldMax XOM Option Income Strategy ETF	$16.85	$20.90	24.31%	1.01%
39	MSFO	YieldMax MSFT Option Income Strategy ETF	$20.16	$45.70	24.11%	1.01%
40	APLY	YieldMax AAPL Option Income Strategy ETF	$17.93	$52.50	23.41%	1.06%
41	JPMO	YieldMax JPM Option Income Strategy ETF	$19.06	$12.00	23.36%	1.01%
42	PYPY	YieldMax PYPL Option Income Strategy ETF	$18.61	$10.20	22.61%	1.01%
43	NFLP	Kurv Yield Premium Netflix (NFLX) ETF	$31.70	$0.60	20.80%	1.15%
44	BETE	ProShares Bitcoin & Ether Equal Weight Strategy ETF	$57.97	$6.00	20.73%	1.33%
45	SPYT	Defiance S&P 500 Income Target ETF	$19.98	$7.60	19.83%	0.94%
46	QQQT	Defiance Nasdaq 100 Income Target ETF	$19.50	$7.10	19.54%	1.05%
47	SVOL	Simplify Volatility Premium ETF	$22.44	$871	16.04%	1.16%
48	IWMI	NEOS Russell 2000 High Income ETF	$50.05	$21.90	15.77%	0.78%
49	GOOP	Kurv Yield Premium Google (GOOGL) ETF	$29.17	$0.60	15.61%	1.15%
50	PRMN	PlanRock Market Neutral Income ETF	$28.86	$2.20	15.30%	1.69%
51	MSFY	Kurv Yield Premium Microsoft (MSFT) ETF	$26.71	$1.10	15.28%	1.15%
52	AMZP	Kurv Yield Premium Amazon (AMZN) ETF	$29.02	$901	15.22%	1.15%
53	GYLD	Arrow Dow Jones Global Yield ETF	$13.35	$22.20	15.20%	0.75%
54	QQQI	NEOS Nasdaq-100® High Income ETF	$51.50	$60.70	15.01%	0.68%
55	UIVM	VictoryShares International Value Momentum ETF formerly	$48.61	$247	14.41%	0.41%
56	KBWD	Invesco KBW High Dividend Yield Financial ETF	$14.98	$379	13.62%	2.02%
57	IWMW	iShares Russell 2000 BuyWrite ETF	$46.15	$15.20	13.59%	0.39%
58	THTA	SoFi Enhanced Yield ETF	$18.74	$22.50	13.12%	0.49%

순위	티커	종목명	현재가격	시가총액(백만)	시가배당률	운용보수
59	SPYI	NEOS S&P 500® High Income ETF	$50.97	$1,050	13.10%	0.68%
60	AAPY	Kurv Yield Premium Apple (AAPL) ETF	$27.58	$0.50	12.96%	1.15%
61	ETHD	ProShares UltraShort Ether ETF	$63.41	$3.60	12.86%	1.01%
62	LQDW	iShares Investment Grade Corporate Bond BuyWrite Strategy ETF	$28.50	$173	12.73%	0.34%
63	TUGN	STF Tactical Growth & Income ETF	$23.16	$44.40	12.60%	0.65%
64	MLPD	Global X MLP & Energy Infrastructure Covered Call ETF	$25.24	$2.50	12.09%	0.60%
65	RYLD	Global X Russell 2000 Covered Call ETF	$15.97	$1,390	12.08%	0.63%
66	QYLE	Global X Nasdaq 100 ESG Covered Call ETF	$27.16	$2.40	12.05%	0.61%
67	QYLD	Global X NASDAQ 100 Covered Call ETF	$17.85	$7,940	12.04%	0.61%
68	FTQI	First Trust Nasdaq BuyWrite Income ETF	$20.27	$324	12.02%	0.75%
69	EETH	ProShares Ether Strategy ETF	$52.88	$50.10	12.01%	1.33%
70	PUTW	WisdomTree PutWrite Strategy Fund	$33.06	$92.00	11.98%	0.44%
71	XRMI	Global X S&P 500 Risk Managed Income ETF	$18.94	$32.10	11.96%	0.60%
72	YYY	Amplify High Income ETF	$12.13	$436	11.87%	4.60%
73	XYLD	Global X S&P 500 Covered Call ETF	$41.01	$2,860	11.70%	0.60%
74	WEEI	Westwood Salient Enhanced Energy Income ETF	$23.20	$13.90	11.64%	0.85%
75	XCCC	BondBloxx CCC Rated USD High Yield Corporate Bond ETF	$38.24	$38.70	11.03%	0.40%
76	TYLG	Global X Information Technology Covered Call & Growth ETF	$32.58	$7.80	10.71%	0.65%
77	EMCC	Global X MSCI Emerging Markets Covered Call ETF	$24.77	$1.70	10.67%	0.69%
78	MDST	Westwood Salient Enhanced Midstream Income ETF	$25.58	$48.10	10.56%	0.80%
79	HYIN	WisdomTree Alternative Income Fund	$18.88	$15.30	10.49%	4.29%

순위	티커	종목명	현재 가격	시가총액 (백만)	시가 배당률	운용 보수
80	GPIQ	Goldman Sachs Nasdaq-100 Core Premium Income ETF	$47.15	$44.70	10.43%	0.35%
81	HYGW	iShares High Yield Corporate Bond BuyWrite Strategy ETF	$32.71	$64.60	10.27%	0.69%
82	SDIV	Global X SuperDividend ETF	$22.30	$761	10.22%	0.58%
83	HIGH	Simplify Enhanced Income ETF	$23.59	$373	10.17%	0.51%
84	CDX	Simplify High Yield PLUS Credit Hedge ETF	$23.80	$154	10.08%	0.51%
85	RINC	AXS Real Estate Income ETF	$23.85	$44.00	10.06%	1.25%
86	HIPS	GraniteShares HIPS US High Income ETF	$12.86	$73.80	10.03%	1.99%
87	IQQQ	ProShares Nasdaq-100 High Income ETF	$41.70	$22.90	9.96%	0.55%
88	TLTW	iShares 20+ Year Treasury Bond BuyWrite Strategy ETF	$26.98	$918	9.79%	0.35%
89	BUCK	Simplify Stable Income ETF	$24.67	$116	9.73%	0.35%
90	ERNZ	TrueShares Active Yield ETF	$24.88	$149	9.65%	0.75%
91	KHYB	KraneShares Asia Pacific High Income Bond ETF	$25.06	$14.80	9.65%	0.69%
92	RIET	Hoya Capital High Dividend Yield ETF	$10.67	$60.20	9.62%	0.50%
93	JEPQ	JPMorgan Nasdaq Equity Premium Income ETF	$53.87	$11,800	9.51%	0.35%
94	XYLE	Global X S&P 500 ESG Covered Call ETF	$26.32	$1.20	9.43%	0.60%
95	BKLN	Invesco Senior Loan ETF	$20.89	$8,090	9.38%	0.67%
96	PFFA	Virtus InfraCap U.S. Preferred Stock ETF	$21.66	$873	9.28%	2.52%
97	PBP	Invesco S&P 500 BuyWrite ETF	$22.58	$89.60	9.26%	0.29%
98	IGBH	iShares Interest Rate Hedged Long-Term Corporate Bond ETF	$24.03	$104	9.19%	0.39%
99	BRHY	BlackRock High Yield ETF	$51.54	$101	9.07%	0.45%
100	PSH	PGIM Short Duration High Yield ETF	$50.71	$25.10	8.96%	0.45%

• 오렌지 색은 책에서 언급한 종목

출처: Dividend.com

부록 3

초고배당(월배당) ETF 찾는 방법

1. Dividend.com에 접속, 상단 메뉴의 [Monthly]에 마우스 커서를 갖다 댄다.

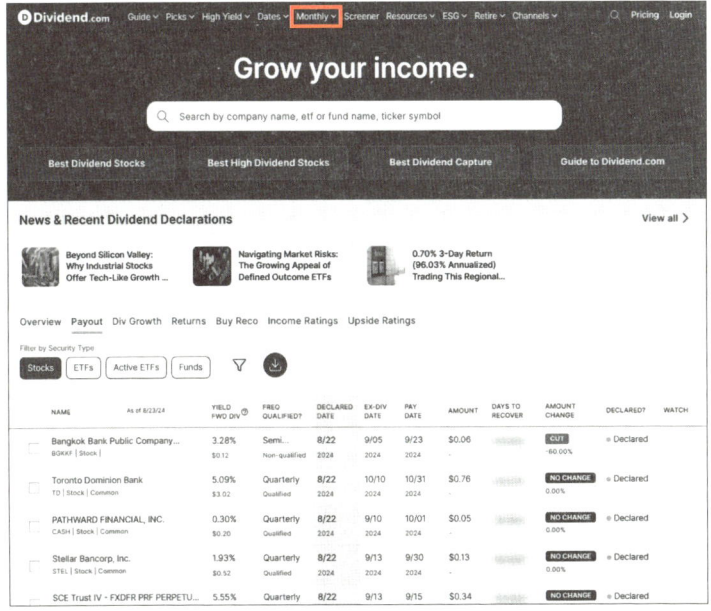

2. 이때 보이는 좌측 메뉴 [Monthly dividends(월배당)]를 클릭한다.

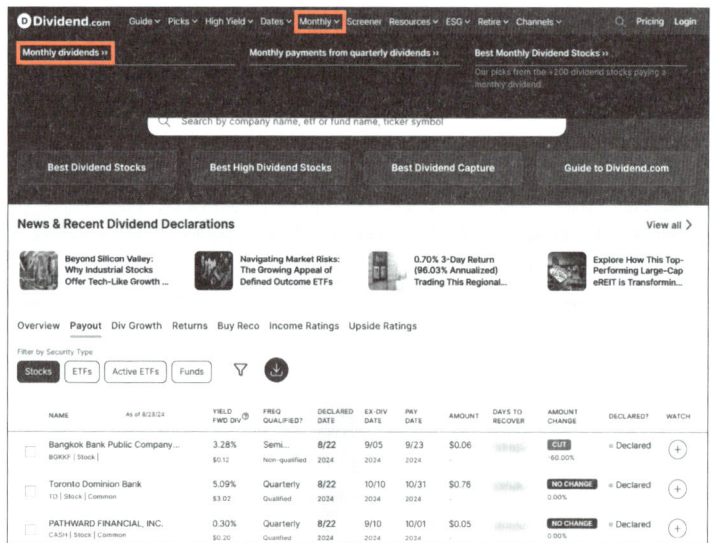

3. Security Type(증권 종류)에서 [ETFs]를 선택한다.

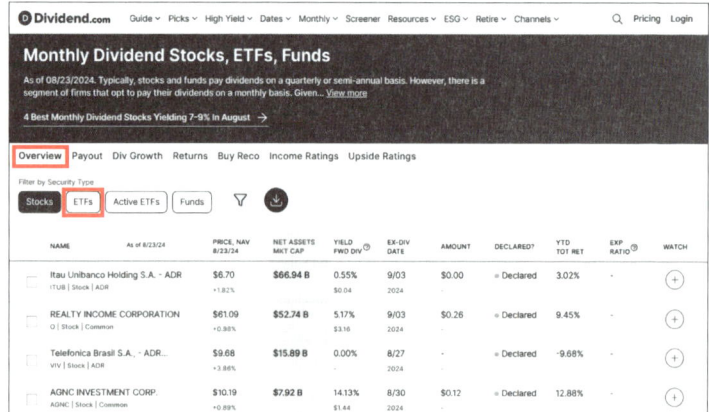

4. ETF 항목에서 [YIELD FWD DIV(시가배당률)]를 클릭한다.
   * 시가총액 순위를 확인하고 싶다면 [NET ASSETS MKT CAP]를 클릭

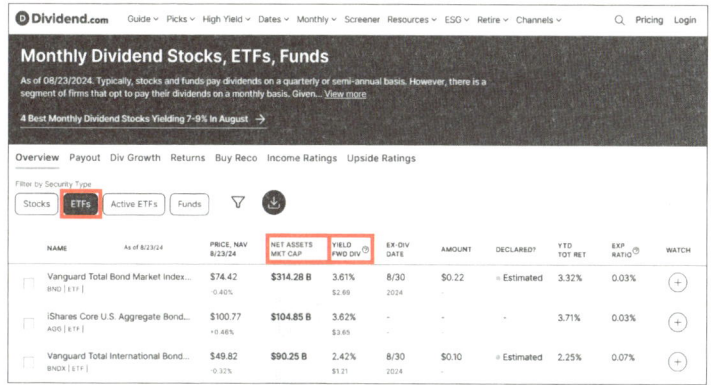

5. 높은 시가배당률 순서로 ETF가 정렬되는 것을 볼 수 있다.
   FIAT(YieldMax Short COIN Option Income Strategy ETF)가 시가배당률 115.93%로 제일 높은 것을 볼 수 있다.
   * 해당 ETF에 대해 자세히 알고 싶다면 해당 NAME(종목명)을 클릭하면 된다.

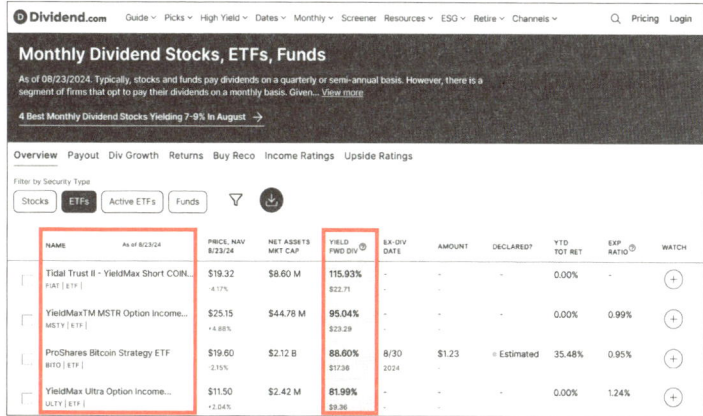

나는 미국 월배당 ETF로 40대에 은퇴한다

초판 1쇄 발행 2024년 9월 27일
초판 14쇄 발행 2025년 11월 14일

지은이 최영민
펴낸이 임충진
펴낸곳 지음미디어

편집 정은아, 서민서
디자인 최치영

출판등록 제2017-000196호
전화 070-8098-6197
팩스 0504-070-6845
이메일 ziummedia7@naver.com

ISBN 979-11-93780-08-4 (03320)

값 18,800원

ⓒ 최영민, 2024

- 잘못된 책은 바꿔드립니다.
- 이 책의 전부 또는 일부 내용을 재사용하려면 사전에 저작권자와 지음미디어의 동의를 받아야 합니다.